超訳 般若心経

The Heart Sutra

〝すべて〟の悩みが小さく見えてくる

境野勝悟
Katsunori Sakaino

JN094260

三笠書房

空海も白隠禅師も、「即身是仏《そくしんぜぶつ》」。

つまり、わたしたち人間の身心の中に仏が存在している、と、般若心経は、声高らかに、ハッキリいい切っている。

般若心経は、ごく普通の生活をしているわたしたちに、やさしく寄りそってくれる。坐禅がくめなくてもいい。きびしい戒律を守れなくてもいい。あなたは、いまのあなたのままで、深く悟ることができる……と。

まことに、型破りな教えである。

仏像に恋をする仏像ラブ。コケの庭を眺め、ひたすら打ちこむ写経。

そんなブームから一歩踏みこんで、般若心経の意義を発見したら、まさに、鬼に金棒だ。

境野勝悟

境野流
般若心経全文
現代語訳

仏説《ぶっせつ》摩訶《まか》般若《はんにゃ》波羅蜜多《はらみった》心経《しんぎょう》

観自在《かんじざい》菩薩《ぼさつ》　行深《ぎょうじん》般若《はんにゃ》波羅《はら》
蜜多《みった》時《じ》　照見《しょうけん》五蘊《ごうん》皆空《かいくう》
度《ど》一切《いっさい》苦厄《くやく》

舎利子《しゃりし》　色《しき》不異《ふい》空《くう》　空《くう》不異《ふい》
色《しき》　色即是空《しきそくぜくう》　空即是色《くうそくぜしき》

あなたが、苦しみや悩みから解放されて、安らかで幸福な毎日を送りたいなら、般若心経にあるすごく簡単な修行をすれば、いい。だんだん修行が深まると、なぁんだ、頭の中に記憶された善と悪の考えは、もとは、一切なかったんだと、頭の中をカラッと空っぽにすることができる。

「五蘊は皆空」だ。頭に集まったゴチャゴチャの記憶を空にせよ……ということだ。

ちょっぴりでも、頭を空っぽにすると、新しく自分を安らかにする知恵が、ググーッと生まれてくる。世の中

受想行識《じゅそうぎょうしき》　亦復如是《やくぶにょぜ》
舎利子《しゃりし》　是諸法空相《ぜしょほうくうそう》　不《ふ》生《しょう》　不滅《ふめつ》　不垢不浄《ふくふじょう》　不増《ふぞう》
不減《ふげん》

是故空中《ぜこくうちゅう》　無色無受想《むしきむじゅそう》
行識《ぎょうしき》　無眼耳鼻舌身意《むげんにびぜつしんに》
無色声香味触法《むしきしょうこうみそくほう》　無眼界《むげんかい》
乃至無意識界《ないしむいしきかい》

でいう「ああだ」「こうだ」の価値判断も、絶対なものではない。

だから、たまには、社会や周囲から頭の中に入りこんだ価値観や、自分固有のクセや生活基準を、ポンとなくしてみる。すると、もっともっとすてきで新鮮な人生が、さっと生まれてくる。「諸法は空相」なのだ。

あなたは、緑色が気に入っている。ピンク色は、どうも気にくわない。ピンク色が、目の前にはばかる。なんとか、どけようとする。が、いっこうにどかない。そこで、悩みはじめる。

その時、頭にあるピンク色は嫌いだという価値の記憶を、ふっと消したらどうか。「あっ、ピンク色もいいもんだね」と思えるのだ。「無意識界」は、変化変心の創造世界だ。

無無明《むむみょう》　亦無無明尽《やくむむみょうじん》
乃至無老死《ないしむろうし》　亦無老死尽《やくむろうしじん》

無苦集滅道《むくしゅうめつどう》　無智亦無得《むちやくむとく》
以無所得故菩提薩埵《いむしょとくこぼだいさつた》
依般若波羅蜜多故《えはんにゃはらみったこ》
心無罣礙《しんむけいげ》　無罣礙故《むけいげこ》　無有《むう》
恐怖《くふ》　遠離一切顛倒夢想《おんりいっさいてんどうむそう》

あなたは、なぜ、苦しみ、悩むのか。原因は、たったひとつ。あなたの脳に記憶された、「いい」とか「悪い」とかの考えが、元凶だ。

だれもが、老いるのは、いやだ。この「いやだ」という考えを捨てると、老いることが、いかにすばらしいかが、わかってくる。老いると、ものの味わいが深くなる。ひかえ目な老人の忠告は、冬の太陽の光である。「無老死」だ。老いることに、くよくよ文句をいわなくていい。

古代インドの僧が説いた「苦集滅道」という四つの真理や、「八正道」という八つの正しい道とか、そんなものは、みんな夢まぼろしだ。たとえば、「五戒」という五つのしてはならない決めごとの中に、「不殺生《ふせっしょう》」がある。生きものの生命を殺してはならない。じゃ、明日から、

究竟《くぎょう》涅槃《ねはん》

三世諸仏《さんぜしょぶつ》　依般若波羅蜜多《えはんにゃはらみった》

故《こ》　得阿耨多羅三藐三菩《とくあのくたらさんみゃくさんぼ》

提《だい》　故知般若波羅蜜多《こちはんにゃはらみった》

肉も魚も野菜も食べられない。「不邪淫戒《ふじゃいんかい》」もある。男女の肉体関係は、禁止だ。こんな戒律を守ったら、人類の子孫は、絶えてしまう。

だから、般若心経は、そんな夢まぼろしの現実にあわない古い仏教の教えから、遠く離れなさい……と、忠告する。「一切の顚倒した夢想から遠く離れろ」と。

牛肉やお魚をいただく時には、生物の尊い命を「いただきます」と合掌して、感謝をしながら、「ああ、うまい」「まあ、おいしい」と、楽しく食べる。生きているだけでも丸儲《まるもう》けなのに、愛する男女が、深くやさしい情を交わして生きられるなんて、これこそ極楽なんだ。

なにかを禁止して生きるのではない。すべてを活かして、あれこれこだわらず生き抜くことが、悟りの生活

是大神呪《ぜだいじんしゅ》　是大明呪《ぜだいみょうしゅ》
是無上呪《ぜむじょうしゅ》　是無等等呪《ぜむとうどうしゅ》
能除一切苦《のうじょいっさいく》　真実不虚《しんじつふこ》
故説般若波羅蜜多呪《こせつはんにゃはらみったしゅ》
即説呪曰《そくせつしゅわつ》

なのだ。「阿耨多羅三藐三菩提（この上ない安らかで幸福な平和な心）を得よ」……と。

ああしなければならない。こうすべきである……、こんな倫理にしばりつけられた一生は、空《むな》しい。自分の道は、自分で決めよ。つねに、頭のこだわりをクリーンにして、自在に生きるには、坐禅もいいが手間がかかる。

なによりも、まず、真言《しんごん》を唱えることだ。いつでも、どこでも真言を唱え、念じていると、既成の価値観が薄れる。苦悩も去る。そのうち、いつの間にか、ものにこだわらず、たのしく明るく自由自在に生きる知恵と力が、発生する。嘘ではない。真実だ。「真実不虚」だ。

真言の力は、意味ではない。たくましい音の連鎖が、あなたを苦悩から救い、若い命を再現する。その最上級

羯諦《ぎやてい》　羯諦《ぎやてい》　波羅《はら》羯諦《ぎやてい》
波羅《はら》僧《そう》羯諦《ぎやてい》　菩提《ぼじ》薩婆訶《そわか》
般若心経《はんにやしんぎよう》

の真言とは、これだ。
ギャテイ　ギャテイ　ハラギャテイ　ハラソウギャテイ　ボジーソワカー
これが、般若心経の真言だ。くり返せ、くり返せ。

目次

1章「こだわらない」——そして、自由になる

2章 「あるがまま」――置かれた場所で生き抜く

3章 「怒らない」——ものごとは軽く受け止めていく

4章 「損得抜き」——そうすれば〝迷い〟がなくなる

5章 「本来の自分」――〝自分〟をとことん大事にする

6章 「生活の基本」――人生に〝安心感〟をつくる

編集協力 岩下賢作
本文DTP 株式会社Sun Fuerza

1章

「こだわらない」――そして、自由になる

1

観《かん》

価値観のはかなさを注視せよ

●「正しいか」「正しくないか」にとらわれない

毎日、毎日、絶え間なく、さまざまなものを見て、きいて、学んで、頭の中の記憶の量が、いやというほど、増加する。うんざりするほど……。

大量の記憶の川に、ぐんぐん流されていくうちに、いつしか、自分本位の考え方や価値観がすっかり身について、だれもが、頑固に、それを守ろうと、する。

「オレは、これが正しいと思う。お前の考えは、絶対に間違っているぞ」

「冗談いわないでよっ。あんたの考え方のほうが、よっぽど狂っているわ」

記憶力の強い人ほど、自分の考えを脇に押しやって、他人の意見を、受け入れることができない。よく考えると、自分の考えたことは、みな、世間や他人という外部からのなんらかの働きかけでできあがった、夢まぼろしである。単に、自分の記憶に残っているだけのもので、実体は、ない。みんな仮ものである。

時に、人間が命がけで固執する考えや価値観のむなしさを注視せよ。そのはかなさを「観《み》」破れ！　たかが「正しい」「正しくない」という考え方が違っているだけで起こる世間の悲惨な姿を、「観」破れ！

2

自《じ》在《ざい》

自分をあと回しにして、まず自然とひとつになる

過去への執着に終止符を打つ

人の世に、なぜ、平和が訪れないか。人は、だれもが、専門的な知識をもっている。だれもが、たくさんの経験をもっている。学校で、きちんと教育を受けている。なのに、世界にも、日常のほんのささいな生活の中にも、心安らかな時がこない。政界を見ても、経済界を見ても、争いばかりの悲しい現状だ。なぜ、人は、平和という家に、住めないのか。その原因を、ハッキリとつきとめなければならぬ。

原因は、多い。が、ひとつには、過去に記憶している考えを、あまりにも重んずる点にある。個人の考えに、だれもが、ぞっこん執着して、それを、けっして、捨てようとしない。一人ひとりの考えを重んずることは、大切なことには違いない。が、それを無遠慮にぶつけあっているうちに、人は、分離し、バラバラになる。

人の世の不和の悲しみに、終止符をうつには、どうしたら、いいか。人間の考えの尊さをあと回しにして、自然の尊さと親しむことだ。心の平和は、自分を生かしている自然の生命とひとつになった時に、生まれる。平和の心は、自然の命にある。それが「自（自然）在」だ。

3 般若《はんにゃ》

エゴをスッパリ捨て切る

生まれた時の純真さをとり戻そう

だれもが、記憶の中の考えに、しがみついている。自分の考えを、ちょっと引っこめることが、むずかしい。

禅語に「放下著《ほうげじゃく》」という言葉が、ある。放下とは、手放す、という意味。著は、命令の意味。つまり、「放下著」とは、「手放してしまえっ」「なげ捨ててしまえっ」ということだ。

じゃ、なにを手放すのか。なにを、なげ捨てるのか。

人は、自分の考えという重たい荷物を背負って、悩みながら歩きつづける。一人ぼっちの旅人である。自分の考え通りに歩こうとすると、つらい旅になる。

もし、一人ぽっちにならず、みんなと仲よく、愉快に生きていきたいなら、まず、自分だけに都合がよいエゴを、スッパリ、捨て切ることだ。

すると、生まれた時のような純真な自分に立ちかえり、平和ですこやかな知恵が、自然発生する。それが、「般若」の知恵だ。般若とは、平和を生ずる知恵だ。

平和な心を得るためには、自分だけを守るエゴを、まず、手放す。

4

波羅蜜多《はらみつた》

心の中に、すばらしい安らぎが生まれる

「お先にどうぞ」——この余裕をもつ

安らかに、仲よく、平和に暮らせる島があった。一本の橋が、かかっている。長い、長い一本の橋。

だれもが、平和な島にあこがれ、だれよりも早く、その島へいくことができればいい、と、考えた。

みなが、なだれを打って、競ってこの一本橋を突っ走った。みんなの頭の中は、「早く、早く」、だれよりも早くその島へいきつくことが「いいことだ」という考えで、埋まっていた。「人より早くいこう」と考えたとたん、人と競い、すごく、不安な悩みをもつことになる。

橋の前で、つと、立ち止まった人がいた。かれは、後ろからきた人に「お先にどうぞ」といった。

「早くがいい」を捨てて、「自分より人を先に」と、譲った。とたん、心の中に、すばらしい安らぎが、生まれた。これが「波羅蜜多」（自分の心を平和に保つ）の悟りのコツである。自分だけが早く幸福になろうとする考えは、捨てる。

5

行《ぎょう》深《じん》

「足るを知る」ことで不安が吹き飛ぶ

欲の皮がつっ張りすぎていないか？

「もっと、よくなりたい」「もっと、元気になりたい」

いつも、積極的に、上向きになって「もっと、もっと……」と、前進して生きることは、たしかに、大切なことだ。が、欲をもちすぎると、転ぶ。

道元禅師は、常に、「知足」（足ることを知る）を教え導いた。

「自分の力では、これで十分だ」「この年で、これだけ元気なら十二分だ」

すると、急に、心が広く、ゆったりする。心に、安らかな花が、パッと咲く。

次の日になると、また、「もっと、もっと」と欲張る。欲が増すと、苦しみも悩みも、増加する。「ああ、いかん。足るを知れだ。知足だ」と思えば、不安が吹っ飛ぶ。

日が、変わると、また、欲の皮が、つっ張る。そこで、「いや、知足だ。貪《むさぼ》るのは、よせ」とまた思う。

大切なことは、きのうより今日、今日よりは明日……、「足るを知る」修行をして、少しずつ、自分の心を、ゆったり安らかにしていくこと。欲張りのクセは、いっぺんでは、なかなか治まらない。「行深」とは、そんな修行をずーっと続けていくことだ。

6

照見《しょうけん》

自分の人生に輝きを見つける

いやな記憶は〝一喝〟して消す

つらいことを思い出して、今日を生きると、今日が、つらくなる。

悔しかったことを思い出して、今日を生きると、今日が、恨みの一日となる。

つらかったこと、悔しかったことだけ覚えているから、毎日毎日が、つらく、悲しくなるのだ。

過去に起こったことは、実は、今日には、存在しない。今日は、今日だ。明日は、明日だ。いたずらに、どうにもならない過去にこだわってはいけない。

過去に起こったいやなことは、単に頭の中に記憶しているだけじゃないか。サッパリ忘れよう。大切なのはそこだ。そうはいっても、なかなか簡単には忘れられない。

「喝（カァーッ）」とは、大声で発する禅語である。禅家では、過去のいやな記憶を、「カァーッ」と一喝して、消す。山に向かって、海に向かって「カァーッ」。

または、過去の、楽しかったこと、うれしかったことを思い出すことだ。

人生に輝きを見つける。それが「照見」だ。みんなで、楽しい過去を語りあって、今日一日を、明るく照らす。

7

蘊《うん》

ほうっておくと、苦悩のタネは、いくらでも集まってくる

怒りのタネはどんどん摘みとっていこう

日も決まり、式場も決まり、ほぼ参加者も決まった。それなのに、

「この結婚話は、なかったことにしてください」

と、相手から、断りの電話が、きた。

その時……、

「ああ、それならそれでいいよ。こんな間ぎわになって、平気でこんな大事なことを断る女性なんかと、結婚しなくてよかった。もっと、いい人と出会う前兆だ」

と、安らかでいられるか。結婚の期待と夢をふくらませていた時にだ……。

「なかなかとれないムードのある式場を、やっと予約できたんだぞーっ」

「デートのたびに、オレが、いくら払ったと思ってるんだっ」

「キミには、金も貸しているだろうっ」

「祝ってくれる友達に、どうやって、あやまるんだっ」

普通なら、こんな怒りのタネが、じゃんじゃん増える。「蘊」とは、集まって盛んになる、という意味だ。ほうっておくと、苦悩のタネは、いくらでも集まってくる。

8

皆空《かいくう》

悪いことの中に必ず「いい」ことがある

●悩みなんて、「まぼろし」である

サギ同様の態度で、契約の話を打ち切られてしまった。だれでも、大ショックを受けてしまう。相手の無礼に、心が乱れ、振り回される。

こんな時……、

「まあいいさ。あんな無神経な人とビジネスをしたら、一生苦労しただろう。いま、縁が切れて、ほんとうに、よかった」

と、断られたことの「いい面」を発見できれば、悩みは、サッと消える。なかなか、簡単にはいかない。が、とにかく工夫をして、なんとか、「これで、よかったんだ」「ああ、ありがたかった」と、いやな思いを、いい思いに変化させれば、また、元気に、明るく、新しい一歩が、踏み出せる。

人生、悪いことばかりではない。一見悪いと思われる中に、必ず「いい」点がある。「いい点」に気がつけば、いやな思い、うらみつらみ、苦痛は、一切、なくなる。

実は、悩みは、夢まぼろしだったんだ。こう気づくのが「皆空」である。「これでよかった」の一言で、心の悩みが、みな消えて、空っぽで明るくなれる。

9

色《しき》

顔の美醜にこだわるな

いま見えているものが、すべてではない

いまでもそうだが、幼いころからわたしは、鼻が、とても低い。

男の兄弟が、四人で、わたしだけ、鼻が低い。あとの三人は、高く、美しい鼻をして、いい男なのに、わたしだけ……。よく、お前だけ、親が違う、と、いわれた。

小学校のころ、みんなから、「やーい。やーい。鼻ぺちゃ……」と、からかわれた。

そんな時、むかつくというより、自分で自分から逃げ出したかった。涙目でみんなの鼻を見ると、みんな、みんな高くて美しかった。

が、どうだ。いま、同窓生に会うと、鼻が高かった人ほど、顔のバランスがくずれているように思える。少なくとも、「鼻ぺちゃ」といって、笑われるほど、自分と美醜の差は、ない。

「色」とは、この世に存在するすべての姿のあり方である。それが「空」であるとは、いいも悪いも本来はないのだから、こだわるな、ということだ。美醜など、ただ、その時だけの仮の姿だ。すぐ変化してしまう。

10

受《じゅ》

なにかを見て、よかったとか、悪かったとか感じる

十人いれば十通りの感じ方がある

歌舞伎の幕が、降りる。たくさんの人が、ホールに、集まる。だれもが、「ああ、よかった」「まあ、素敵だったわ」と、喜びにあふれている。

「お茶でも飲もうか」と、香りの高い、おいしいコーヒーを、静かにすすりながら話す。

「今日の團十郎は、熱演だったね」「わたしは、玉三郎さんがよかったわ」、「今日の菊五郎の見えのポーズが、頂点だった。力が入ってたな」「わたしは玉三郎さんがよかったわ」、「キミ、今日は團菊祭《だんきくさい》なんだぞ。玉三郎は、ちょっとしか出てなかったじゃないか」「ちょっとでも、わたしは、絶対玉さんよっ」。

固執した意見を一方的にいわれれば、せっかくの感激が、一気に消える。コーヒーも、苦い。

「受」とは、なにかを見て、よかったとか、悪かったとか感ずる心のはたらきを、いう。それが「空」だとは、人の感じ方には、だれにでも相通ずる絶対なものは、なにひとつない、ということだ。それを、自分の感じ方だけを絶対だとすると、心が騒ぐ。

11

想《そう》

ものを味わう、形を見て頭に思い浮かべる

人の思いは常に移り変わっていく

お味噌汁は、ちょっと、トロリとするような濃いめの方が、好きだ。薄いお味噌汁は、うまくない。自分の嫌いな薄めが出されて、一口飲む。

「まずい。こんなもの、飲めないよ。これじゃ、おすましと同じじゃないか」

と、いちいち腹が、立つ。若い時から、味噌の濃い汁がいい、という考えが、脳の記憶の中に定着していた。ところが、ある日、友達の医者から、

「年が寄ったら、薄い方がいい」

といわれた。いまは、毎日、薄い方をいただく。濃い味噌汁は、悪者になった。

ある時、友達のYシャツの一番上のボタンがとれていた。かれは、それを隠しながら、ネクタイをだらしなくしていた。「もっと、身嗜《みだしな》みに注意しろ」と思った。翌日は、ボタンのついたYシャツで、ネクタイも、きりりっとしていた。「うん。格好いいね」と思った。

「想」とは、ものを味わったり、形を見たりする時に頭に思い浮かべる作用である。それが「空」であるとは、人の思いはその時だけのものだということだ。

12

行《ぎょう》

のんびり生きる

●なにごとも〝ほどほど〟がいい

「こんなやさしい問題なのに、なぜ、満点がとれないのっ」

と、お母さんに叱咤激励されて、いつも、いつも、満点をとろうと、一所懸命努力することは、すばらしい。

「銀や銅では、ダメだ。とにかく、金メダルを獲得せよ」

と、金メダルに向かって、必死に進んでいくのは、いかにも、頼もしい。

が、完全とか、完璧とか、丸をとることばかりを目指す人生は、途中で、力尽きてグッタリしてしまうものだ。完璧を好む男は、結婚してから、妻にも、完璧を求める。ちょっとしたミスも許せなくなる。つまらぬことで、破滅し離婚する。

ほどほどの勉強をして、友達と仲よく遊び、趣味をたくさんもっている人は、自滅することは、ほとんど、ない。妻にも、満点は、求めないからうまくいく。

「行」とは、生き方である。それが「空」であるとは、完璧主義ではなく、おおらかにゆったりと人生を楽しみなさい、ということ。のんびり生きるのが、自然な生き方なのだ。

13

識《しき》

ものを見た時、「いい、悪い」と価値を判断する

ものの見方がクルリと変わる

「あの人が、去年からおつき合いをしている、ぼくの大好きな彼女だよ」

と、友達が指した女性を見る。

「えっ。よくもあんな人を好きになったもんだな。オレのタイプじゃないな」

と、心の中で思う。

人は、いろんな人たちと出会う。出会ったとたん、なぜか、この人は、気に入った、とか、どうも気が合いそうにないな、と思う。

美術工芸品の骨董屋さんに入った友が、一枚の皿を手にして、いった。

「このお皿は、色もいい、形もすごく上品だ。気に入った。これいくら？　ああ三万円ですか。ちょっと高いが、買います」

「金もないくせに……。こんな古くさい皿のどこがいいんだ」とこちらは思う。

「識」とは、ものを見た時に、頭に浮かぶ「いい、悪い」の価値判断である。それが、「空」であるとは、その時の判断は、時がたてば、クルリと変わる。よさがわからなかった女性や美術品の「いい面」が、急に見えてくることだって、ある。

14

五蘊《ごうん》

〝五つの悩みのタネ〟が絡んで心を乱す

この世に絶対的なものなど〝ひとつも〟ない

もっと、背がスラリと高く成長したらよかったのに……。もっと、記憶力が高ければ、勉強だって楽々できたのに……。生まれた時に貰ったものは、どうにもならないのに、あれこれ文句をいっては、劣等感をもってしまう。（色）

嫌いとか好きだとかは、みな自分だけのもちものなのに、自分の好きなものを、だれもが好きになってもらいたい……と、とんでもない期待をして苦しむ。（受）

自分が「いい」と思っているのに、友達に「キミそれは、悪いことだよ」といわれると、カチンと頭にきて、「なぜ、悪い。どこが悪いっ」とむかついてくる。（想）

おたがい、もっと信じあって、自分の好きなように生きたらいいのに、「あれは、いかん」「これは、ダメ」と、チェックばかりして、人を痛めつける。（行）

ひとつの価値判断をもったとたん、その価値判断にあわない人を、嫌う。（識）

色・受・想・行・識の五つの蘊（悩みのタネ）が絡んで、人の平和な心を乱す。それが「皆空」とは、どれも仮に生じたまぼろしであって、絶対なものじゃない……ということだ。

15

度《ど》一《いっ》切《さい》苦《く》厄《やく》

不幸を幸福に変える知恵が、般若の知恵

失敗も〝いい知恵ひとつ〟で成功のタネになる

仙厓《せんがい》和尚のところへ、博多の大金持ちがやってきた。

「仙厓さん、立派な家を新築できましたので、お祝いにきてくれませんか」

「あいよ」といって、仙厓和尚は、新築のお祝いに、ひょこひょこやってきた。大ごちそうが終わったころ、大金持ちの主人が、「仙厓さん、なにか、お祝いのお言葉をお願いします」と、紙と筆を用意した。

「ああ、そうか」といって、

ぐるりっと　家をとりまく　貧乏神

という、一句を書いて、サラリッと聖福寺へ帰ってしまった。この一句を見て、大金持ちは、カーッと頭にきた。その紙をまるめると、和尚のところへ飛んでいって、「これが、お祝いの句かっ」と怒鳴った。和尚は、大笑いして、その句の脇に、こう書いた。

七福神は　外へ出られず

人の一切の苦厄、面白くないことはうまい知恵ひとつで、吹き飛ぶ（度）。失敗も、いい知恵ひとつで、成功のタネとなる。不幸を幸福に変える知恵が、般若の知恵だ。

2章

「あるがまま」——置かれた場所で生き抜く

16

舎利子《しゃりし》

骨が人の活動を支えている

●あなたを無条件で守ってくれるもの

「舎利」とは、なにか。よく、お寿司屋さんで、客が、

「お宅の寿司は、シャリがうまいね」

と、いっている。と、主人がこう返す。

「うちのシャリは、特上の銀シャリだからね。光っているだろう」

このシャリは、「舎利」からきている。

「舎利」とは、お釈迦さまの、骨である。お釈迦さまの骨を拾い集めて、金の箱に入れておいたら、美しく輝く小石のようになっていた。この小石のようなきれいな骨が、米にそっくり似ていたところから、「銀シャリ」などというようになった。

仏教では、釈迦の遺骨として、舎利殿に貴重に安置される。

が、もうひとつ大事なことは、「舎利」、つまり、骨が人間全体の支え柱になっている、という点だ。骨は、なんの文句もいわず、自分の活動を支えていることを忘れるな。この気づきが、般若の知恵だ。この「舎利」に尊敬語の「子」がついて、舎利子という名前になっている。

17

色《しき》不《ふ》異《い》空《くう》

理屈に合わないことも「受け入れる」

人間も仏さまも〝何も変わらない〟

広い広い自分の心をつくり、いつも、安らかな心を育てたいと思うなら、理屈に合わないこと、けしからんことや、不合理なこと、矛盾などを平気で「受け入れる」心を養わなくてはならない。

坐禅をくんで、二、三年たって、どうやら坐禅がくめるようになると、臨済宗では、禅問答が与えられる。

「どうじゃ、そろそろ問答をやろう。まず、鐘の音をパッと止めろ」

これに対して、「うへぇっ。冗談じゃない。ゴーンという鐘の音が、止められるわけはない」、「理屈に合わないことをいうな」、「禅問答なんて、くだらないな」と思っては、ダメだ。

「和尚、わかりました。鐘の音を止めましょう。ゴーオォォン」

答えはどうでもいいのだ。大切なのは、理屈に合わないことでも、知らん顔をして、安らかな心で受け入れられるか、どうかだ。「色は空に異ならず」。色は人間。空は仏。人間と仏は同じだ。さあ、受け入れられるか。

18

空不異色《くうふいしき》

矛盾と出会った時でもカチンとしない

ものごとを〝俯瞰《ふかん》〟してとらえる

「色不異空」「空不異色」。まったく同じことを、ひっくり返して、くり返したにすぎない。

「色は空に異ならず」「空は色に異ならず」といわれると、はて、違うことをいっていると、思う。が、「空」と「色」は、同じだ、といっているだけだ。

わかり易くいうと、「空」は、ない、という意味だ。「色」は、ある、という意味だ。すると、「空不異色」とは、「ある」と「ない」とは、同じである、ということになる。

これは、とんでもない矛盾だ。でたらめいうのも、いい加減にしてくれ、となる。

つまり、こういうことをいっている。「女は男に異ならず」「男は女に異ならず」と。

こんなことを主張する人がいたら、怒りっぽい人は、カチンと頭にくるだろう。

と、その時、女も人間だ。男も人間だ、と思ったらどうか。女も男も同じ人間だ。

そこに、ハタと気がつくと、矛盾は、さっと消え、怒らなくて済む。

矛盾に出会った時、頭に血が上って、不快になって心を乱さない。心の安静を守る知恵を発生せよ。その知恵が、「般若」の知恵である。

19

色即是空《しきそくぜくう》

差別の心をなくす訓練をする

大きな「器」で矛盾を受け入れる

「色は空に異ならず」のあと、つづけて「色は、すなわち、これ空だ」と、きめつけてくる。

ちょっと、くだけていうと、「男は女に異ならず」のあと、すぐ「男は、すなわち女である」と、ぶっつけてくる。これでもか、これでもかと、矛盾を投げかけてくる。

差別はない。区別はないと、般若心経では、いつも、声を張り上げて、叫ぶ。実は、差別や区別ができるから、人生は楽しい面もある。が、差別をし、区別をするだけならいい。

その後、そのどちらかを選択しはじめる。ここに、いいとか、わるいとかの分別心が湧いてくる。そこで、人が、悩みはじめる。

男と女は、違う。そこまでは、いい。そのどちらがいいか、ということになると、やれ男のどこがいいとか悪いとか、女のどこが可愛いとか可愛くないとか、口論が始まって、争いが発生する。自分の考えにこだわるクセをなくす訓練が、「色不異空」「色即是空」という矛盾を受け入れる表現なのだ。

20

空即是色《くうそくぜしき》

人は見方次第で、よくも悪くもなる

●自分の「こだわり」と、うまく距離をとれ

「空即是色」。「空は即《すなわ》ちこれ色だ」という表現は、「いい人は、即ちこれ悪い人だ」といっているのと同じなのだ。

ほれ、また、理屈に合わない矛盾した言葉が、飛んできた……と思えばいい。こんな表現に、いちいち、こだわっていては、いけない。こだわりからうまく離れる訓練のために、こんな不合理なことばを、ぶっつけてくるのだ。

この言葉をきいて、「いい人はいい人だ。悪い人は悪い人だ。そんなでたらめをいうな」と怒ってしまったら、敗北だ。

好きな人、嫌いな人は、だれにでもいる。そこだ。好きな人を見ると、その人の長所だけが目につく。嫌いな人を見ると、ケチばかりつけることになる。

あなたが、いい人と思っているのは、単にあなたが好きなだけだ。その人を嫌いな人が見たら、その人の欠点ばかり見ているのだから、「あんな悪い人はいないわ」となる。

いい人も悪い人も、見方次第で、よくも悪くもなる。これが般若の知恵だ。

21

受即是空《じゅそくぜくう》

好き嫌いの感情は永遠、絶対ではない

もっと「割り切った」気持ちでものごとを見据える

「ぼくが、こんなに好きなのに、彼女はどうして、ぼくを好きになってくれないのだろう」

なんとか、彼女に好かれるように、さまざまな工夫を重ねる。彼女は、ぼくを好きになるどころか、ますます、ぼくから離れていく。たまらなく、苦しい。どうにもならないくらい、悲しくて、さびしい。

ぼくも、好きだ。彼女もぼくを愛してくれている。おたがいに愛しあっている時は、ルンルンとして、余計なことは、なにも思わないで、いい。一切の理屈抜きで、愛しあう。問題は、こちらだけが好きになってしまった苦しさ、悲しさ、さびしさを、どう抜くか。

「好きだ。嫌いだ」という感情は、一生続かない、その時だけの仮初めの思いであることを、シッカリ観ることだ。

「受即是空」とは、好き嫌いの感情は、永遠・絶対ではないということだ。その時の空っぽの夢だ……と見据えて愛し続けたら見事だ。

22

想《そう》即《そく》是《ぜ》空《くう》

何を言われても一切気にしない

「違い」を認めると心がフッと軽くなる

「今日は、とても、きれいですね」

わたしは、女性の方に、よく、そう申しあげる。別に、お世辞をいおうと思っているわけじゃない。別に、気に入ってもらおうと思って、申し上げているわけでも、ない。

「ほめてもらって、うれしいわ」

と、美しくほほえんでくださる方は、もっと、もっと、きれいに感じる。

「先生ったら、まったく、だれに会っても、そうやってほめるんだから……」

と、思わぬ返事をされることもある。また時に……、

「そんなお世辞いわないでよっ」

と、くる。

「想は即ち是《こ》れ空なり」とは、人が心に思い浮かべることは、その人その時によって、みんな違うものだ、ということ。

だから、なんといわれても、一切、気にするな。

23

行即是空《ぎようそくぜくう》

人の行ないに固定したものはない

自分だけが「正しい」と思うから苦しくなる

「とにかく早く床について、朝早く起きるのが、いちばん、気持ちがいい」

という人がいるが、逆に、

「朝早く起きられない。ゆっくりと床について、朝もなるべくゆっくり起きた方がいい。ぼくは、宵《よい》っ張りの朝寝坊の方が、調子がいい」

と、よふかしをいくらしても、平気でいる人も、いる。

「ぼくは、自由業だから、寝たい時に寝て、起きたくなったら起きて働く。それでも、けっこういい仕事をしているよ」

と、平然としている人も、いる。

いいとか、悪いとかでは、ない。

みんな生まれつき無意識のうちに、そうなっているのだ。自分の行動パターンだけが正しいと思うと、自分が苦しくなる。

「行は即ち是れ空なり」とは、人の行ない、行じ方は、固定したものは、ない、ということだ。その人その人の生まれつきだから、ほったらかしておけ。

24

識即是空《しきそくぜくう》

法律では人の心はコントロールできない

他人がつくった情報に右往左往しない

人が集まる。社会が生まれる。人の考えの違いが、どこでもかしこでも、ぶつかる。ぶつかりあいを調整して、うまくコントロールするために、社会は法律というものをつくった。法律さえ守っていれば、そんなに他人とぶつかることは、ない。

社会は、法律で、けっこう、治まる。が、個人の心の内側をコントロールすることは、法律では、できない。油断すると、すぐさま、悩みの袋小路に迷いこんでしまう。

たとえば、お金をわずかしかもっていないのに、高級なフランス料理が食べられない、と、なぜ、悩むのか。

それは、友達にその店のことを聞いたか、または、芸術品のようにうまそうなその店の広告を見たからでは、ないのか。その頭の記憶を、スッキリ消してしまえば、三百八十円の牛どんが、うまい。

「識は即ちこれ空なり」とは、「あるがまま」に生きたい自分にとっては、外から入ってくる情報は、そぐわないうつろなものだということ。貧乏なら貧乏のように、生きる。

25

是《ぜ》諸《しょ》法《ほう》空《くう》相《そう》

心はいろんなものに反応する

自然と一体になって生きる

自分の好きな人に会うと、「うれしい」と思う。自分の嫌いな人に出会ったとたん「いやだわ」と思う。

山道で、小鳥が木の枝から枝へと飛んで、可愛い鳴き声を響かせると、「ああ、なんとのどかなんだろう」と、安らかになる。山かげから、いたちが、パッと飛び出す。「あっ。わぁー、おどろいた」と、びっくりする。

うまそうなショートケーキを眺めると、ツバが噴き出して、食べたくなる。悪臭のたつ臓物などを見ると、鼻をつまみ、吐き気がする。

わたしたち人間が、ものを見たり、ものに接したりした時に、いろんなものに反応する心が作用し働く。その時どきに思う、感ずる心を、「諸法」という。「諸法」が「空相」であるとは、その働きは、個人の考えによって生じたのではない。肉体があるものに接して生じた時の自然的な反応なのだ……ということだ。

それを「諸法一如《いちによ》」ともいう。一如とは、それらは自然の働きだという意だ。いい、悪いではない。

26

不《ふ》生《しょう》

分別の心を一切もたない

〝あるがまま〟に生きなさい

だれでも、この世に生まれた時には、「生まれた」とは、思わなかった。「生まれた」とか、「死んだ」とか、なんにも知らず、でも、五体をもった人間として、ありがたくも、この世に誕生した。

さくらの花が、美しい。春の光に当たって、輝く。が、さくらの花自体が、「きれいに咲こう」とは、思っていない。

鶯《うぐいす》が、鳴く。「ホーホケキョー」と、くちばしと、舌をうごかして、まあ、なんという音色だ。が、鶯自体は、うまく鳴こうと、なにか工夫しているわけでは、ない。

盤珪《ばんけい》禅師は、「不生」という言葉を、一生大切にした。かれの禅を、不生禅ともいう。晩年、病の床にあっても、「仏心は、不生にして霊明《れいみょう》なり」と説きつづけた。仏心とは、宇宙、自然の生命だ。

これを、般若知ともいう。般若知は、いろいろな生命を育てているが、いいことをしようとか、悪いことをしようとかいう分別の心は、いっさい生じていない。これを「不生」という。

27

不滅《ふめつ》

心と体は消えても、魂は消えない

魂の存在を信じる

『幸せの遺伝子』（扶桑社）の中で、村上和雄先生は、こう述べられる。

「科学的な証明は、いまはできませんが、魂というものを想定しなければ、私というものが説明できない。それは、心と体をつなぎ、心の支柱になっている気がします。（略）おそらく体と心は消えても、魂は消えない。どこへ行くのかといえば、サムシング・グレートのところへ帰っていく。サムシング・グレートは宇宙をつくり太陽をつくり地球をつくり、生き物すべてをつくった親だから、魂もサムシング・グレートから生まれたと考えられます。（略）私たちの魂は死んだらそこへ還っていき、また人の体を借りて地球上で生きることになるのではないか。いわゆる輪廻転生《りんねてんしょう》で、この思想は東洋を中心に広く受け入れられています」

世界にさきがけて、遺伝子解読に成功し、偉大なる業績として注目を集めた、村上先生のお言葉である。「輪廻転生」とは、仏教の言葉。人の生命は、生死を重ね、くり返し、停止することは、ない……と。これが般若心経でいう「不滅」である。

28

不垢《ふく》

人に尽くすと心の垢が消える

たった一点に「努力」を集中させる

ありがたいご縁にしたがって、うっかり、有名進学高校に就職したわたしは、日ごとに、自分の才能のなさばかり考え、どんどん自信をなくした。

日本一の有名大学出身の先生から、しょっちゅう、冷ややかな注意を受けた。そのたびに、ああ、自分は、ダメだ。自分の力じゃどうにもならないと、落ちこんだ。いくら才能を伸ばそうとしても、心がまっくらで、どうにもならない。

が、生徒からは、妙に親しまれた。「先生の授業は、面白い」といってくれた。自分の力はなくても、せめて、生徒に、面白く、わかるように教える。この一点に、努力を集中した。生徒からの人気がどんどん上がった。

「先生の授業は、面白くて、ためになる」。いつの間にか、劣等感によごれていた心が、晴れわたっていた。自分に学才のないことばかり考えたのが、いけなかった。生徒が学習しやすいように考えて行動していたら、自信がついてきた。

他人に尽くそうとすると、サッパリと心の垢《あか》が消える。般若の心は、利他《りた》の心だ。他人を思いやると、悩みの垢が、なくなる。それが「不垢」だ。

29

不浄《ふじょう》

きれいなら、サッパリ

悩まなくていいことに悩まない

聖なるもの、浄《きよ》らかなるものを理想とする宗教は、たくさんある。が、般若の知恵は、浄らかでないもの、つまり「不浄」を嫌わない。

といって、汚れている方がいいといっているわけではない。きれいにキチンとしていれば、それはそれで、よろしい。問題は、汚れたり、散らかっている場合だ。すぐ、「もっときれいにしろっ」とか「整理をしないで、どうして、お前さんは散らかし放しておくんだっ」と、文句や悩みのタネを生んではいけない。

ある奥さまの話は、こうだ。「わたしの夫は、だらしのない人で、生きている時は、部屋がゴミの山だったわ。夫が亡くなったので、ひとりで部屋を片づけて、サッパリしたと思ったの。いつものように買いものをして、夕方帰って、パッと電気をつけるでしょっ。部屋は、すみずみまでキチンとして、床の上になにも転がっていないの。するど、すごく、淋しくなるの」

きれいなら、淋しいがサッパリ。散らかっていれば温かみ。般若の知恵は、どちらでも、受け入れる。

30

不増《ふぞう》

必要な知識と財は、あとからついてくる

◉「このままで十分だ」という気楽さが必要

しゃにむに、読書する。頭の中に、どんどん知識が、つもってくる。知識は、増加する。が、心の中の幸福感は、別に、増加しない。

あれこれ知識がありすぎると、かえって、なにを、どう行動したらいいのか、迷いの路にはまることが、ある。

競争の荒波を乗り切って、大会社の社長になる。高額の給料を手にして、数千、数万人のトップに立つ。が、心の安心感は、いっこうに、増加しない。毎日、大株主や監査役から監視を受け、たいへんなプレッシャーで、仕事をつづける。

知識を増やしたい。給料を少しでも多くとりたい。が、知識が増えるほど、自分がなにをやりたいかが、わからなくなる。給料は多いが、高い地位につくと、実は、まわりからの援助と指図を受けなければならず、自由に生きる楽しさを失う。

「不増」とは、増やさなくていい。このままで、十分だ、という般若の知恵である。余分な欲は、いっさいもたず、ありのままの自分をみつめ、自分らしく、自由に、心豊かに生活していれば、必要な地位と財は、あとから、ついてくる。

31

不滅《ふげん》

拒絶されたら、あっさりあきらめる

失恋で愛の力を減らすな

あるエリートが、三十歳になって、はじめて、女性を愛した。はじめのうちは、ルンルン二人で愛し合っていた。が、どうしたことか、ふいに、女性の方から別れ話が出た。

女性は、北海道の実家に、帰った。男は、「どうして、オレが、嫌いになったのか。オレのどこが悪いっ」と、北海道へ飛んだ。女性の父母にも、談判した。女性は、ますます、その男を嫌いになった。

しかし、男は、ぐんぐん、女性に惹かれる。どうしても、彼女と一緒になりたい、と、あばれ出した。あわや、エリート人生まで、捨てようとしている。男は、女を愛して、命をすり減らし、愛す力を失った。

人を愛するのは、般若の力だ。いくら人を深く愛しても、よろしい。が、相手が強くいやだというなら「ああ、そうですか」と、あきらめ、けっして、執着しない。

次に、愛する人を探せ。これこそ、般若の思いやりの愛だ。たった一度の失恋で愛の力を減らすな。

32

是《ぜ》故《こ》空《くう》中《ちゅう》

大自然を自分の生命として生きる

心はいつも〝真ん中〟に定める

家に帰ると、座敷にカバンを放り投げ、みんなでワイワイ走って、大川へすっぱだかで飛びこんだ。夏になると、男の子も女の子も、川で、喜々として遊んだ。秋から冬にかけては、山に入って、かくれんぼをしたり、木登りをした。だから今日でも、自然がふるさとだと思える。

現代の子どもたちは、パソコンやゲームで遊ぶ。山や水を人の本来の命として受けとることが、できない。田舎の子も文明生活を楽しみ、自然を離れる。

道元禅師が、山水経《さんすいきょう》で、こう、述べている。

賢人　聖人　ともに山を堂奥とせり　山を身心とせり

賢い人は、「山水」つまり大自然を、自分の生命として、生きた……という。大自然の生命活動を、「空中」という。「空中」は、生じないし、滅しない。汚れてもいないし、浄くもない。

しかも、一切の理屈抜きで、活動している。「中」とは、いいも悪いも、いつも、まん中。こだわらない、という意味だ。

33

無色《むしき》

体の働きは理屈では動かない

善悪よりも、〝事実〟に注目する

「無色」の「無」とは、なにか。

この「無」は、お金がある、とか、お金がない、とかの「ない」では、ない。お金があっても、なくても、そんなことは、どうでもいい。「ある」とか「ない」とかに、こだわらないことを、たとえば「無金」というのである。つまり、「無」とは、「ある」とか「ない」とかに執着しない状態をいうのである。

では、「無色」の「色」とは、なにか。「色」とは、わたしたちの体の働きのあり方である。

心臓が働く。血液が流れる。脈が波うつ。呼吸する。そして、成長し、変化していく。これらのあり方は、頭で考えている、いいだの、悪いだの、という理屈や分別を、はるかに超えている。

わたしたちの基本的な生命が、ひとつの理屈もなく、間断なく活動している事実を、だれもが、驚くほど簡単に見すごしているのだ。

生命が理屈に執着せず活動している現実、「無色」、そこに注視せよ……と。

34

無《む》受《じゅ》

「ああ、ありがたい」と感じる

●「仏に逢ったら、仏を殺せ」

禅の公案（禅問答）の本に、『無門関』が、ある。その本のいちばん最初に、次のような、どぎつい、ギクッとする表現がある。

仏に逢ったら、仏を殺せ（逢仏殺仏）
祖に逢ったら、祖を殺せ（逢祖殺祖）

ちょっと待ってぇー。あんな尊い仏さまを殺せとは、どういうことか。ほんものの自由自在の心を得るには、みんなの身体を活々《いきいき》と働かせている、大自然の命の尊さを、自覚し、自知することだ。般若の知恵では、仏さんより、ダルマさん（祖）より、あなたの根本の命の仕組みの方が、もっと、もっと、大事だ。

だから、仏とか祖師ばかり尊んで、自分自身の宇宙的生命の尊さを、等閑視してはいけない……。記憶にある仏や祖の尊さだけに、こだわってはいけない……と。

「無受」の「受」は、仏像を拝見して、「ああ、ありがたい」「ああ、尊い」と感ずる心だ。それは、それでいいとして、仏像より、もっと大事で尊いものは、自分の生命の仕組みであることを、しっかりと十分に自覚せよ。それこそ、般若の知恵なのだ。

35

無《む》想《そう》

自分の考えどおりの人生は「あり得ない」

人生の幅は〝大きくとる〟にこしたことはない

二人の青年が、名門T大を受験して、二人共失敗した。私学の名門K大には、二人は見事に合格した。

一人の青年は、自分は、医師になりたい。K大に入学しても、医学は十分学べる。そういって、K大に入学して、無事卒業、いま医学界で堂々たる人生を送っている。

もう一人の青年は、が、また、負けたくなかった。両親の理解もあって、浪人。もう一年間受験勉強をした。が、また、T大受験に失敗した。さらに、もう一年。不幸はつづいて、また、失敗。とうとう、医学部も人生も、同時にあきらめた。素直な、好青年であった。まことに残念なことであった。が、かれのどこに不具合があったか。

もちろん、一浪して、T大医学部に籍を置く青年もいるから、すべてとはいえない。単にかれの場合に限っていえるなら、トップのT大でなければだめだ、という大学に対する考え方（想）が障害になっている。

自分の考え（想）どおりに生きられる人生など、皆無に近い。「無想」とは、考えどおりの人生は、「あり得ない」……ということだ。

36

無《む》行《ぎょう》

あれこれと考えすぎて悩まない

●すべての〝縁〟をありがたく受けとめる

自分の考えたとおりに行動できることが、もっとも価値のあることだという思想は、大いに考え直す必要がある。

「お前さんの考えどおりには、いかないいんだよ」

この言葉が、かつての日本人の日常の教訓であった。友達を、自分の考えどおりに動かすことが、できたであろうか。恋人を、自分の考えどおりに動かせたか。教師だって、生徒たちを、自分の思うようにリードすることは、不可能だ。親さえ、自分の子どもを、自分の考えどおりには、行動させられまい。

「行」とは、行動するとか、行ないの意味。

この場合の「無」とは、あり得ない、期待できない（中論にある解釈）という意と理解すれば、いい。つまり「無行」とは、自分の期待どおりに、みんなが行動することは、あり得ないということだ。

だから、与えられた環境の中で、あれこれまわりを考えすぎず、すべての縁をありがたく受けとって、「あるがまま」を喜んで生きる。これが「般若」の知恵だ。

37

無《む》識《しき》

記憶された常識を過信しない

●毎日〝変化できる人〟がやっぱり強い

貧乏のドン底だったころ、一カ月に一回だけ、一〇〇グラムのステーキコースを、楽しく、いただいていた。

ある時、突然、隣のテーブルに座っていた、四人家族の様子が、急変した。

「違うとは、なんだ。えっ、違うとは、なんだよっ。みんな、むかしは、そうしたんだ」

と、六十歳近い、お父さん。

「むかし、むかしって、なにさ。むかしの話？　いまはねっ！　いまは違うのよ」

と、息子たちを、かばってお母さん。「むかし」といったって、いつなんだ。昭和二十年代か、または、大正時代なのか。はたまた、明治時代か。いずれにせよ頭に記憶されている常識的判断は、時代とともに、いや、月変わり、日変わりで、どれがいいのか、わからなくなる。

だれも信じられないそんな古い記憶を、絶対に正しいと思うと、混乱と争いが起こる。「無識」とは、記憶された判断分別を、過信するなということだ。

3章

「怒らない」――ものごとは軽く受け止めていく

38

無眼《むげん》

軽く受け流す

●感情に執着すれば欲にとらわれる

ｉＰａｄを見る。これはコンパクトだが、すばらしい機能をもっている。そう考えると、「なんとかして、手に入れよう。わあっ、欲しいなあ」という感情が、湧いてくる。

駅ビルの食堂街を、歩く。中華料理店のウインドウをのぞく。中華どんぶりが、うまそうではないか、と考える。すると、「食べたいなあ」という感情が、起こる。が、隣のフランス料理店のウインドウを眺める。スープがうまそうだな、と、考える。すると「スープが飲みたい」という感情に引きずられる。

続いて、日本そばの名店のウインドウを見る。なんといっても、やっぱり、天ざるだな、と考える。すると、「天ざるを食べたい」という感情にしめつけられる。

「無眼」とは、ものを目で見て浮かぶ考えや感情は、絶対ではない……ということ。その時々でクルクル変わる。だから、あまり執着してはならない。

軽く受けとめて、軽く流す。もっと、いいｉＰａｄが出れば、また、すぐ、欲しくなるよ。

39

無耳《むに》

感じ方は人それぞれで違う

悲しみ、怒り、祝福……同じ音でも感じ方は違う

「ゴオーォーン」と、鐘が鳴った。

正岡子規は、茶店のイスに腰かけて、柿をかじっていた。奈良は、柿の名産地。「ああ、うまいなあ」、その時、国宝の鐘の音が、耳に響いた。絶妙なタイミングで、正岡子規の胸の中に、次の名句が浮かんだ。

柿くへば　鐘が鳴るなり　法隆寺

「ゴオーォーン」と、鐘が鳴る。いま、父母を亡くした人は、悲しみの涙を、流す。

「ゴオーォーン」と、鐘が鳴る。結婚式を終えたカップルは、うれしく、祝福の音をきき、二人はやさしく手をとりあうであろう。

「ゴオーォーン」と、鐘が鳴る。短気な人は、「うるさいっ」と、怒鳴る。

まったく同じ音が、耳から入ってくる。が、感じ方、思い方は、その人その人によって、違うのだ。なのに、自分の感じ方が、一番いいとか、絶対だとか、いい張ると、混乱が生ずる。

「無」とは、同じ感じ方は、存在しないということだ。

40

無《む》鼻《び》

〝香〟の好き嫌いで目くじらを立てない

一歩退いてゆったりと構える

京都には、香の名店が、いくらもある。よく、年寄りのご夫婦が、二人でかわるがわる香をかいでいる。

「ああ、この香がいいな」

「いや、わたしは、こういう薄い香は、嫌いだわ。こんなのどうかしら」

「いやーっ。お前は、どうして、鼻にツンとくる香が好きなんだろうね」

「子どもの時から、こういう香をかいでいたから、これにしてよ」

「ダメ、ダメ。そんなの買っても、オレの前で使わないように……」

奥さんは、黙る。不機嫌になる。旅が、暗くなる。

「無鼻」とは、鼻から入ってくる香りについての感じ方にも、絶対はない……ということ。折角の旅行ではないか。

「ああ、この香は、鼻にツンとして、ちょっと、きついけど、じゃ、キミは、これを買って下さい。家に帰ったら、二つの香を楽しもうか」

男は、一歩退いて、こうあろう。

41

無《む》舌《ぜつ》

善悪を超越した舌の働きを知る

損得勘定をやめることが〝悟り〟への第一歩

泉からは、ポトポトと、休むことなく、きれいな水が、流れてくる。わたしたちの舌の上にも、絶え間なく、唾液が湧いてくる。

舌の上に、唾液がのってくれるからこそ、たべものの、いろいろな味がつたわってくる。さらに、舌が歯にあたっても、少しも痛くなく、ペロペロと自由に働ける。

また、もし、舌がなかったら、どういうことになるのか。食べることができない。味わうことができない。しゃべれない。舌がなかったら、生きていけない。

舌は、口の中にあるから、鏡にうつさないと、見えない。が、見えなくても、舌の尊さを自覚しなくては、ならぬ。舌がなくては、生きていけないのは、事実であり、真実である。

その事実、真実、あるがままを、シッカリと見つめる知恵を「般若」の知恵というのだ。

舌の尊い働きには、損だの得だのの雑念は、なにひとつない。それが「無舌」だ。善悪を超越した舌の働きの尊さを知り、深く感謝できれば、それが般若の「悟り」だ。

42

無身《むしん》

根本的生命に感謝する

〝命〟は六十兆もの細胞が協力しあっている

平沢興先生（解剖学者・京大名誉教授・平成元年没）は、こうおっしゃる。

「今日も健康で生きていられるのは、ただひとつの命の健康ではありません。約六十兆もの顕微鏡で見なくてはわからない小さな細胞が、秩序正しく協調しながらはたらいてくれているおかげです」

六十兆の細胞が、秩序正しく、仲よく協力しながら、争わないで、生命の活動のために働きつづけているその力に、感謝しよう……と。

仏教では、古代から、地（土）・水（水分）・火（熱）・風（空気）・空（自然の化育力）の五元素が集まり、それらが群がって働き、心身を作用させて、人の一生を養うと説く。五重の塔は、この地・水・火・風・空の命の五要素を象徴している。

この生まれながらの生命の真実・事実をシッカリ観て、争わないで、ものを成育する般若の知恵を悟ろう。六十兆の細胞も、地・水・火・風・空も、文句なく、仲よく、協力し合っている。この根本的な生命の在り方に感謝をささげて生きるのが、みんなで仲よく生きていくのに必要な、人格の基礎的な姿である。

43

無《む》意《い》

「意」には二つの方向がある

「我意」が自分を苦しめる

地・水・火・風・空の自然の五つの要素が、合体し、協力しあい、結合をくり返して、人の体ができ上がった。目も鼻も口も、胃も腸も、この五つの活動によって、完成している。が、人間をつくっている五元素には、悩みや苦しみは、発生しない。

人間だけではない。すべての動物たち、鳥や蝶にいたるまで、この五要素の合体・結合によって、生存している。が、人間以外の生物には、悩みや苦しみは、ない。

なぜだろうか。人間は、幸か不幸か、いつの間にか、進化によって、言葉を話す能力と、言葉を記憶する能力をもつようになった。

言語能力というものは、白と黒、甘いとからい、長と短、天と地、自分と他人、いいと悪い、損と得というように、いつでも、二つを対立させて考えるクセをもっており、そのどれか都合のよい方に執着して、それを、大切に守ろうとする悪癖をもつ。

言葉によって記憶している「いい」「悪い」の判断を、「意」という。「意」を「我意」ともいう。意が強すぎると、世間や他人とうまくなじめなくなる。たまには、「我意」の記憶を「無」くしなさい……というのが「無意」だ。

44

無声《むしょう》

声の音にはなんの意味もない

どんな罵声を浴びせられても平常心を保つ秘訣

「お前は、バカだっ」

「なにおーっ。オレをバカだと。もう、許さん。お前の方が、よっぽど、バカだ」

「なに、なに、オレがバカだとは、どういうことだ。えっ。オレはなあ、お前の世話を、ずいぶんしているんだ。それなのにバカとはなんだ。もう、お前のことなんぞ、知らんっ。このバカ野郎めっ」

「また、バカといったなっ。このバカめが。もう、お前の世話など、ひとつも、いらん。ざまあみろっ」

あやうく、暴力をふるう直前まで、いく。

バカの一言が、そんなにも、いやか。

ちなみに、今日一日バァーーーといわれつづけて、明日になったらカァーーーといわれつづけられて、怒る人は、いない。逆に、テープレコーダーを早回しにしたら、「バカ」は「バキャッ」と一音になってしまう。なんの意味かわからん。

「無声」とは、本来声の音そのものには、なんの意味もない、ということだ。

45

無香《むこう》

花の香りは科学者でもつくれない

人の力など及ばないことがある

「香を探る」とは、花の快い香りを探しにいく、という意味である。

芭蕉は、朝明けの梅の香りを求めて、まだ、暗いうちから、山の路を歩いていた。山路には、ほんのりと星の光があった。

と、前方から風に乗って、甘くやさしい梅の花の香りが、流れてきた。梅の花は、どこか。まだ、暗くてわからない。突然、朝日が、ぬっと、首を出した。あたりが、パッと、明るくなった。なんと、目前には、雪の山のように美しい梅の花が、咲いている。

梅が香に　のつと日の出る　山路かな

わが国最高峰の名句が、生まれた。

あの、うっとりとする梅の花の香りは、科学者が、いくら頭をひねってもつくれない。限りなく似ていても、生々しい新鮮な花の香りは、絶対つくれない、という。

では、だれが、つくったのか。「無」だ。宇宙の根源的生命だ。

善悪にこだわらないで、すばらしい働きをする「般若の知恵」だ。人の考えなど、全く、及ばない力だ。

46

無《む》味《み》

「味」というのは「無」

天地自然から授かった最上の宝とは

めざしは、ちょっとだけ、あぶらをにじませながら、焼き上がっていく。コップに酒をちょっと入れ、氷の入った冷や酒で、焼き上がっためざしを、かじる。ああ、生きていてよかった、と、思う。

豆腐のおいしさは、いったい、どこからきたのであろう。上にみょうがを乗せて、一滴しょうゆを落として、口に入れる。実に、うまい。めざしのうまさには、奥行きがある。豆腐の味は、幅ひろい。

自然界で、人だけが、美食、素食を問わず、無量の味の魅力にひかれて、生きる楽しみを授かっている。

道元禅師は、正法眼蔵《しょうぼうげんぞう》の洗面の章で、「漱口《そうこう》たびたびすればすすぎきよめらる」と説き、一日にたびたび口をすすげば、口中がいつも清められ、食べものの味わいが深くなる、と指導している。

「味」というのは、「無」。

天地自然から授かった賜であり、人間の最上の宝である。

47

無《む》触《そく》

「触れあいの温かみ」が、対立をとく

人間関係は頭だけで考えてもうまくいかない

知友の奥さまから、こういわれた。

「小学校に入るまでは、お子さまの手をとって、歩きなさい。子どものたなごころは、温かくて、やわらかくて、こんなに気持ちのいいものは、ないんですよ。大きくなったら、手はにぎれませんからね。小さいうちに、かわいい手のぬくもりを、毎日、毎日十分に味わっておきなさい」

慶応大学医学部の渡辺久子先生は、子どもを「理屈抜きに抱きしめる」ことほど、役に立つことはない、と、述べている。

「お母さんに抱っこされると、子どもはもう一度、素直な柔らかい心でお母さんを慕い直します。お母さんも子どもの気持ちを深く理解するようになります」（『抱きしめてあげて』太陽出版）

体と体が触れ合う感性には、頭の働きは、なにひとつ「無」い。

が、手と手の「触」れあいのぬくみが、人と人とのむずかしい対立を、あっという間に、解消する。

48

無《む》法《ほう》

自分中心の考えを捨ててみる

"苦悩"と"恐怖"の苦海に沈まないための知恵

なんとしても、自分の思いどおりになってもらいたい。自分の期待どおりになってほしいと、あまりにも、自分のご都合中心になると、悩みが生ずる。こちらの望むようにいかなかったらどうしよう、と、恐れる。

「自分の思いのままに」世の中や他人が動いてくれると思っていると、裏切られてばかり……。そのうち、世の中から逃げ出したくなる。

自分中心の考え方を、まったくやめるのは、なかなかできない。が、いつも自分ばかり中心に、我ばかりつっ張っていると、いつしか、苦悩と恐怖の苦海に沈んでしまうことがある。

そんな時、思い切って、自分中心に記憶された考えを捨ててみる。自分のことより、まっ先に相手の役に立ちたいと、願ってみる。

相手の運命に同情し、愛す。自分を守る前に、相手を守る。エゴを「無」くす。自己中心の考えを「無」くす。と、そこに、自然と心が安らぐ「法」（般若の知恵）が、湧きあがってくる。

49

無《む》眼《げん》界《かい》

「よく見れば」宝ものが見えてくる

世間がつくった価値基準にふり回されない

よく見れば　薺《なずな》花咲く　垣根《かきね》かな

芭蕉《ばしょう》は、隅田川のほとりの小さな芭蕉庵で、貧しい生活をしていた。まわりの家には、春になると、美しい花が、咲き乱れている。が、芭蕉の庵には、これといって美しく目立つ花は、ひとつもなかった。

が、庵の小さな庭の垣根のそばに坐《すわ》ってみると、薺の花が咲いている。

薺は、アブラナ科の雑草で、田のあぜ道に群生する。春になると、五ミリぐらいの小さな花を咲かせる。この雑草は、ペンペン草と俗にいわれ、だれも見ない。

しかし、「よく見れば」こんなに小さい花の中は、うすい紫色に輝く、それは、見事に美しい可憐《かれん》な白花なのだ。が、世間では無価値の花だ。

「よく見れば」とは、「無」の見方だ。世間の価値を超越して、自分の目で、「まっすぐに見る」ことだ。芭蕉は、この時、はっと解放された安らぎを、感じたのだ。「無眼界」とは、いつも見ている自然界だ。「よく見れば」宝ものが、そこにあふれている。

50

無《む》意《い》識《しき》界《かい》

ややこしさは、自然界にはない

下手に考えこまない――これが楽しく生きるコツ

頭で考えることだけが、人間生活のすべてである。自分の頭で考えたとおりにいくことが、最上の幸福である。この考え方を鉄則として、西洋文明は、胸を張って、全世界を凌駕《りょうが》した。

が、こんな、でたらめな話はない。世界中のだれもが、自分の考えどおりには、なかなかならないことを、いやというほど、知っているはずだ。人は、自分自身のことだって、自分の記憶にある考えどおりには、いかないのではないのか。

「人間の考え中心主義」に、いまこそ赤信号をつけて、ストップをかける。そして、たとえ少しでもいいから、「〝自然の命〟中心主義」に、出発進行をかけないと、人類が、臨終してしまう。

自然界は、「無意識界」である。つまり、人が頭で考えるようなややこしさは、ひとつもない。

「考えなし」で、春がくる。夏がくる。花は、咲く。鳥は、鳴く。人は、自然の一部である。だからこそ、下手に考えない方が、楽しく生きられる。

51 無《む》無《む》明《みょう》

執着すると、いつしか心はまっくらになる

いいときも、悪いときも、こう考えればいい

「いつまでも、いつまでも、生きていたい」が、それは、絶対できない。「かせいだお金も、いつまでも、もっていたい」が、これも、絶対できない。

「ゆく河の流れは絶《た》えずして、しかももとの水にあらず」とは、『方丈記』の名文である。川の流れは、いつもあるようだが、きのう流れていた水は、一滴もない。「いつまでも、同じ」ということは、ないのだ。

「白雲自去来」という禅語がある。天空を流れる白い雲は、いったりきたりして、もとの雲は、消え果てて、ひとつも、ない。自然は、常に、変わる。自分も、自然の命の一部であると、シッカリ考える。自然の命だから、常に、変化する。

「ああ、なんと幸福なことか」。しかし、その幸福は、続かない。次に、不幸がやってくる。しかし、その不幸も、続かない。次に、幸福がやってくる。「いつまでも同じ状態」を期待すると、いつしか、心は「無明」(まっくら)になる。

「すべては変わるもんだ」と思ったとたん、悩みは、すっと「無」くなって、モヤモヤが、消える。

52

無《む》無《む》明《みょう》尽《じん》

坐禅をくんでも苦しみは消えない

●苦しみを「希望」に変える

「雑念を払えっ」「妄念をぶっ飛ばすんだっ」禅宗の若い頑強な坊さんは、痛棒《つうぼう》をふりたたいて、大声で叫んだ。

今日まで、禅宗の一般僧よりは、せめて時間だけは、長い時間坐禅をくませてもらった。

「尽」とは、苦しみがなくなることである。「尽苦《じんく》」ともいう。一週間も坐禅をすると、たしかに、雑念・妄念のない大空のようなスッキリした心境になる。山の水のような、清澄な心境を得る。が、その境地がいつまでも、続くわけではない。

三十代になったら、四十代になったら、五十代になったら、六十代になったら、もっと、苦しみのない安らかな自分になれると思って、ひたすら、坐禅をくんだ。が、それは、違った。悩みや苦しみは、いつまでたっても、まわりから押し寄せてくる。「尽苦」は、苦しみがなくなることではなかった。

どんどん襲いかかる苦しみの方向を、善悪超越の「般若」の知恵で、楽しみや希望にかえることで、あった。

53

無老《むろう》

年を忘れて生きる

今日が「百歳」だと思って生きる

年をとっただけでは、人は老いない。年をとらなくても、老いる人は、たくさん、いる。

「あなたは、何歳ですか」

出会ったとたん、相手の年ばかり尋ねる人がいる。日常、この人の関心事は、年齢のことばかりか、と、がっかりする。年なんか数える暇があったら、もっとほかに、楽しいことをすればいい。そうすれば、若返るのに……。こっちは、年を忘れて生きているのに、おおきなお世話だ。

良寛《りょうかん》さんに、「百歳生きるには、どうしたらいいでしょうか」と尋ねると……、すかさず、「ああ、今日が百歳だと思え」……と答えた。

年齢の世界にまで数字がのさばったら、老人の顔が暗くなる。かつての日本人は「年なんか忘れて生きよう」と、毎日を、情熱と人情に生きた。

年を忘れて生きれば、一日は、青春である。老いることは、ない。般若の「無老」の悟りの世界だ。

54

無死《むし》

死をこわがっていたら、生を楽しめない

生死を超越して情熱で生きる

死ぬって、なんだ。心臓が、止まるだけの話じゃないか。人だけじゃない。動物だって、いつか、心臓は、止まる。だれでも、かれでも、止まる。あなただけじゃないんだ。

十年ばかり乗ったセルシオをいただいて、それから、十二年走った。合計、二十二年。とうとう、オイルがもれて、止まった。どの自動車も、いつかは、止まる。それを、自動車を運転するたびに、「止まったらどうしよう」と、ビクビクしている人がいたら、おかしなことだ。ドライブの楽しみは味わえない。

人も同じだ。死はこわい。でも、心配ばかりしていたのでは、生きているすばらしさを、楽しむことができない。

心臓がコチコチ元気に動いている今日一日を、明るく、元気に、「ありがとう」といって生きさせていただけば、その人に「死」の恐れはない。

「無死」とは、死ぬことは、安心して自然におまかせして、生死を超越して、情熱で生きることだ。

55

無《む》老《ろう》死《し》尽《じん》

どうにもならないことに、汗をかかない

●「きのうの自分」はもう過去の人

あたりが、いくら目まぐるしく変わっていっても、「自分だけは変わらない」と思っている。が、そんなことはない。きのうの自分と今日の自分は、少しずつ、変わっている。

友人や知人の葬式にいっても、「自分だけは、死なない」と、どこかで、だれもが思っている。が、そうはいかない。

人は、だんだん老いていく。人は、だれでも、死ぬ。「尽」とは、すべて、だれでもの意だ。「無」とは、天地自然の真実の姿を表す。「無老死尽」とは、老いたり、死んだりするのは、だれでもそうなる、ということだ。人力ではどうにもならない、自然の真の姿である。生死は絶対の哲理で動かない。

道元禅師は、「生死は、仏の御命なり」といっている。「仏の御命」を、「宇宙・自然の命」とすれば、いい。つまり、生まれたり、死んだりは、自然の活動力によるもので、どうにもならない。どうにかなることは、汗をかいて努力する。どうにもならないことは、あきらめる。それが「般若」の知恵だ。

56

苦集《くしゅう》

のびのび生活している人は、共感して生きる

他人は他人——それでいい

ほとんど同じようなことをしていても、努力しながら、どんどん暗くなってしまう人と、どんどん明るくなっていく人がある。

なにが原因で、苦しみがたまって、自分のカラにとじこもってしまうのか。また、なぜ、苦しみが抜けて、楽しい生活ができるように、なるのか。

毎日のように、あたらしい苦しみをかかえて、ぶつぶつ文句ばかりいっている人は、なにごとでも、のっけから、自分の記憶している考え方だけで、他人の善悪を決めつけてしまう人である。

もし自分と同じ考えで生きている人がいるなら、友達になれる。が、世の中に、同じ考えの人など、いるはずがない。

楽しく、のびのび生活している人は、たとえ、自分の考えがシッカリしていても、まず、人の考えを理解しようと努力する。人の気持ちをわかってあげようとする。

人の考えを、真っ向からつぶしている人の生活には、日ごとに、「苦が集まる」のだ。般若の知恵は、人の考えを察しながら、人と共感して生きることだ。

57

滅《めつ》道《どう》

「考え」が凍結した時、人は老いる

“正論”をふりかざさない

「自分の考えは、変えない」。なぜか。「オレの考えは、絶対正しいから」といい張ってしまうと、その人の成長は、そこでストップする。だいたい「絶対正しい」ものなど、この世に、ひとつも、ないだろう。自分の考えなど、ちっぽけなもので、もっと学び、もっと深く修行をして、より多くの人から、まるごと認められる「考え」を、終生、毎日毎日、創造していかなくてはなるまい。

「自分の考えは、変わらない」では、まことに困る。「考え」が凍結した時、人は、老人となる。

若いうちは、自分の考えは、日替わりであったから、成長してきたのではないか。

夫婦の間でも、おたがいが、自分の「考え」が正しいと主張しすぎて、分裂している。おたがいだけではない。一方が、絶対の「考え」をふりかざしても、夫婦は冷たく暗い。破滅する。

般若の心で幸福になる道を歩くのには、いきなり自分の考えをもち出すのは、厳禁だ。まず、こちらの考えを滅却して、相手の考えを、あるがままに理解することだ。

58

無《む》智《ち》

自分の「思い」が強いと、気分が落ちこむ

●「もっと素敵な生き方を探してやる！」

どんな時に、気持が沈んでしまうのか。どんな時に、自分の人生を、悲観してしまうのか。

答えは、たったひとつ。自分の「思う」通りにいかない時だ。だから、自分の「思い」が、薄い人は、あまり気分が沈まない。逆に、自分の「思い」が強いと、どんどんウツな気分に落ちこんでいく。

恋愛をしている時も、そうだ。相手の女性でなくては、とても、生きてはいけない。おたがいに、「あなたなしでは、生きられない」くらい真剣に愛したい。が、不幸にも失恋となると、人生が終わってしまうくらい悲惨なことになる。

万事、自分の思うようにいかなかったら、自分の「思い」や「考え」を薄めることだ。

「無智」になれば、「よし、もっと素敵な生き方を探してやる！」と、元気が出る。「智」とは、自分の一番大事な「思い」や「考え」や「判断」だ。思い通りにいかない時は、それを捨てて「無」くすれば、前を向いて、歩ける。

59

無《む》得《とく》

品のない働き方をしない

「自分らしい努力」を続ければいい

「ハウ・トゥ・ゲット」。なんとかして、少しでも多く、得たい。得をしたい。と、「ゲット」のためのシナリオを、頭を寄せあってつくりあげている姿は、日本人には、向かない。

かつての日本人は、「ゲット」のためには働かなかった。「ゲット」のために働くのは、もっとも、品のない働き方で、みにくいものであった。

「ゲット」は、目的ではない。今日一日を、自分の能力、体力を十分に発揮して、日ごとに自分を伸ばし、充実させていくことが、勤労の課題であった。いくら「ゲット」するかは、あくまでも、その自然の結果であって、目的ではない。これが、「無得」の人間学である。

「一花《いっか》、春風に笑《え》む」。禅語である。寒い冬をへて、春風が南からやってくれば、自然に花が開いてニッコリ笑ってくれる。

厳しい冬の寒さの中で、健康を守り、黙々と自分らしい努力を続けていれば、自分の人生に、いつか必ず、光が射しこむ。

60

無《む》所《しよ》得《とく》

自分の努力では獲得できないものがある

人は大自然に〝生かされている〟

人と会ったら、ほほ笑みをかわす。遠くの人には、呼び声をあげる。火をみたら、かき消そうとする。自分のできないことをした人には、敬意を表す。スポーツをみれば、みんなで手をたたき、声をあわせて応援する。大好きな人と口づけをする。悲しい時は、涙する。

自分の体の内部の活動をみる。食べたものが、胃に落ちる。胃は、懸命になって、食べものをやわらかく消化して腸へ。腸はそれをさらによく消化し、栄養を吸収し、排泄する。人は、だれでも、一人残らず、そうやって、毎日を、生きている。

そうやってくれているのは、だれか。だれかは、わからない。わからないなら、わからないでいい。

が、ただし、その活動力は、自分が努力して獲得したものか。お金のように、汗水たらして、所得したものか。そうではないだろう。

生きるうえで、最高に大事な命の活動力は、自分の努力で、所得したものではない。それを「無所得」というのだ。もともとからあった「大自然・般若」の活力だ。

61

菩《ぼ》提《だい》

〝菩提心〟とは、我欲を捨てること

期待はせずに、気長に待つ

なぜ、不平不満をいうのか。それは、自分の欲望が大きすぎるからではないのか。欲を小さくすれば、不平不満は、消える。そして、ああ、よかったと、満足する。

どうしても、百万円は欲しいと思っていたところ、七十万円しか入らない。「ちょっと、足りないんじゃないのぉっ」と、不平が出る。

せめて、五十万円あれば、なんとかなる。と思っていたところ、七十万円入ったら、どうか。「ああ、よかった」と、安らかに満足する。

わが子に対して、なぜ、文句が出るのか。あまりにも、期待が大きすぎるからではないのか。「明るく、元気であれば、いいさ」「みんなに、なんとかくっついていけば、いいさ」と思っていれば、文句どころか、子どもをほめてもやれる。

「菩提」とは、我欲の迷いから、目をさますことである。期待はいいが、けっして、過期待しないことである。

坐禅をいくらくんだって、我欲と期待の強い者は、迷いと不安から、逃れられない。「菩提心」とは、我欲を捨てて、身軽になることだ。

62

薩埵《さった》

死ぬほど愛する人に対して、自分を無にする

●「この人を幸福にしたい」と考える

なぜ、我欲が強まってしまうのか。それは、自分の幸福ばかりを考えているからだ。自分が得することばかりで、頭がいっぱいになってしまうからだ。

我欲をなくすことを、「無我」という。自分に執念深くとりついた欲を、少しずつとりのぞくには、人のことを思いやることだ。自分の幸福だけではなく、この人を幸福にしてあげるには、どうしたらいいか、を考える。

もちろん、まったく知らない他人ではない。縁あって、自分の友になってくれた人とか、兄弟や家族たちに対して、まず、自分中心の「我欲」を捨てて、相手の安らぎを大事にしてあげる。それが、なかなかむずかしければ、まずは、自分が死ぬほど愛する人に対しては、自分を「無我」にできるだろう。一番いい訓練に、なる。

「薩埵」とは、自分の人生を破壊する過度な我欲を、他人を愛し、他人を思いやることによって、少しずつ消していくことである。

不思議なことだが、他人に親切をほどこし、他人の幸福に手をさしのべると、「我欲」が薄らぐ。

63

心《しん》

「心」はとんでもない働きをする

「怒り」と「嫉妬」が不幸を運んでくる

よく、「心を大切に……」という。人の心というものは、そんなに、大切なものであろうか。大切なものどころか、心ぐらいとんでもない働きをするものは、ない。

友達が、大成功した。かれの成功を心から祝福してやろう、と思って、お祝いの会へいく。帰りがけに、ほかの友達と飲む。語る。もう、かれの悪口が出る。友の成功を素直に受けとめられなくなる。心から、とても喜べなくなる。なぜか、いつの間に、やきもちの心が燃えあがっているから……。

心は、コロコロ変わっていくから、〝こころ〟というのだろうか。とにかく、あっちこっちに飛んだり、跳ね回ったりして、いつしか、疲れ果ててしまう自分の心を、なんとか安らかに、常に、楽しい心に成育しなくては、ならぬ。

ちょっと、人から、悪口をいわれると、すぐ、むかつく。批判されると、カッとなる。

むかついたり、カッとなると、思うように仕事がはかどらない。心は、うっかりしている間に、自分の身の上に、不幸を運んでくる。

4章

「損得抜き」——そうすれば〝迷い〟がなくなる

64

心《しん》無《む》罣《けい》礙《げ》

天地自然は言葉で知恵を教えない

ちょっと立ち止まって〝日本人の原点〟を見直す

ここ数十年、日本は、とにかく高い、見栄っ張りな目標を打ち立てて、みんなで一丸となって突っ走ってきた。目標を立てるのはよいとして、常に、もっと高い目標を立てろ、もっと高く、よりもっと高く……。それが、無理だった。

わが国を代表する大企業が、ほとんど軒並みに疲れ果ててきた。「がんばれ、がんばれ」とハッパをかけあって競争し、やる気だけは喚起しても、経済界が、はたと力を失った。国家そのものが、莫大《ばくだい》な赤字をかかえて、国民の心は、黒雲におおわれている。若者の将来が、危うい。

音もなく　香もなく　常に天地《あめつち》は　かかざる経を　くり返しつつ

二宮尊徳の名歌である。「音もなく」とは、お経を読みあげる声である。「香もなく」とは、お線香の香りもなく。いつも、天地自然は、言葉によらず、『一切経《いっさいきょう》』の般若の知恵を教えている。

世界で、もっとも自然を愛し、自然に親しんできたわが民族が、突如、自然から離れたところで、不安と危機が迫ってきた。

65

無《む》有《う》恐《く》怖《ふ》

落ち着いてものを見る

〝現実〟を見つめれば怖いものなどない

「ああ、こわい」「なんとおそろしい」と、自分で思いこんでしまうと、その恐怖から逃れられなくなる。が、事実は、こわくも、おそろしくもなかった、ということが、たびたび、ある。

幽霊の　正体見たり　枯《か》れ尾花《おばな》

という俳句の通りだ。みんなが、うす暗い闇の中で、白いかげがユラユラしているのを見て、「わあっ、おばけだ。幽霊だ」とこわがって、近寄らない。度胸をきめ、近づいて、ゆっくり見れば、なんと、枯れすすきではないか。

現代人は、固定された社会の目でしかものを見なくなった。自分の冷徹な目で、しっかりと、事実を見とどけない。現実をよく見れば、そんなに恐れなくてもよい。

先ごろ、炭酸ガスの増加で、地球の平均温度が上昇していると、だれもかれも地球温暖化を恐れた。が、温暖化の原因が、ハッキリ炭酸ガスだと見とどけた人は、一人もいないのだ。

「恐怖」をなくすには、混乱せず、静かにものを見とおすことだ。

66

遠離一切《おんりいっさい》

自分にまとわりついた一切を離す

“決断の日”は突然やってくる

二十二歳のころ、はじめて、坐禅をくんだ。三島にある龍澤寺《りゅうたく》であった。いくら坐禅をくんでも、得るものはなかった。ただ、足の痛みをこらえる忍耐力はついた。

二十七歳で悟った。でも、その時だけの話で、あとは元《もと》の木阿弥《もくあみ》だ。

三十八歳の時、八月一日から三十日まで一カ月、一人だけで坐禅した。独接心《どくぜっしん》という。静岡の石雲院でお世話をいただいた。

八月十八日、台風がやってきた。雨や風の間をぬって、雷が光った。広い本堂で、一人坐っている時、わたしにまとわりついていた一切のものが離れていった。「遠離一切」。

わたしの頭の中の固定した価値観の考え、定型化した倫理観、そんなものが、吹き飛んでいった。瞬間、一人本堂で大声をあげて歓喜していた。

「よしっ。四十歳で、栄光学園をやめる」

なんで、こんな時に、こんな決断が湧きあがってきたのか。いまでもわからぬ。しかし、その時から、自分の自由な人生が始まった。

67

顚倒夢想《てんどうむそう》

バカにはバカの道がある

価値観がひっくり返る瞬間こそチャンス

エリート校の中学生や高校生の頭の回転の早さは、まことに、みごとであった。特に、記憶力の正確さとスピードには、教師であった私にも、とてもじゃないが、ぜんぜん追いつかなかった。

にもかかわらず、あんなに優秀な生徒を教えている教師は、とても優秀なのであろうと、多くの人たちから、ほめられた。

ほめられているうち、力もないくせに、いい気になって、胸をつっ張り出していた。胸を張って威張っているのは、疲れる。なぜか、いつしか、腰を低くして、人から、ほめられようとばかりしている、むなしい自分になっていた。

力がないくせにほめられるためだけに仕事をしていると、いくら坐禅をくんでも、獄舎にいるようだった。

一カ月の坐禅で吹き飛んだのは、結局は、エリートに対するコンプレックスだった。「エリートがなんだ」、オレはオレでいいではないか。エリートはすばらしいという「夢想」がひっくり返って消えた。オレにはオレの道がある。それでいいじゃないか。

68

究《く》竟《ぎょう》涅《ね》槃《はん》

自由な生き方こそ、究極の涅槃

お金なんて、なけりゃなくてもいい

生まれてから今日まで、ずーっと頭に記憶し、つみあげられた、「やれ、あれがいい。これは悪い」という考えを、一度、スッパリ飛ばしてしまうと、人生の見方は、ガラッと、変わってくる。

この世の真の勝利者は、必ずしも、お金持ちではない。お金持ちの周辺は、苦労の山だ。お金は、死んだらなんにもならん。

また、巨大な邸宅を構えた人でもない。わたしの家の近くにあった大邸宅は、ほとんどつぶれて、分譲されている。相続人は、税金で苦心惨憺《さんたん》だ。

さらに、最高の要職についた人でもあるまい。かれらは、入れかわり立ちかわり、テレビに出演して、頭を下げる。

金があればあるでいい。なけりゃないでいい。とにかく、オレはオレだ。オレらしくオレを生きる。この自由（自分に由《よ》る）な生き方が、「究竟」。つまり、究極の涅槃（完全なる幸福）である。

69

三世《さんぜ》

人は「いま」「ここ」でしか生きられない

●人は過去にも、未来にも生きることはできない

過去があって、現在がある。現在があって、未来がある。自分は、そう思っていたが、それは、真実ではなかった。

過去は、ないのだ。過去のことは、頭の中で記憶しているだけで、いま、自分の目前には、ない。過去に生きることも、できないではないか。過去のどこで、いつ生きられようか。

実は、未来もないのだ。未来というものを、かってに頭の中で想像しているだけの話だ。未来のどこで、どう生きようとしているのか。

人は、いま、ここでしか生きられない。これが、真実だ。なのに、人は、なぜ、過去のことをうらんだり、未来のことを心配して、この大事な「いま」をめちゃくちゃに破壊してしまうのか。「いま」だけが、大切なのだ。

般若の世界では、過去・現在・未来の「三世」は、「空」と。

肝心なことは、「現在」生きていることに感謝し、「いま」を平和に楽しく生きることだ。

70

諸仏《しょぶつ》

あなた自身も仏である

「いま」を安らかに生きることこそが正しい

若いころから、仏像を愛し、敬し、礼拝してきた。阿弥陀《あみだ》如来、薬師如来、弥勒《みろく》菩薩、観音様、釈迦如来……特に、広隆寺の弥勒菩薩には、いくども、いくども、わたしの苦悩を断じていただいた。仏像に対する敬愛は、これからも、続く。仏像は、慈悲と力強い愛の奔流である。

が、般若の世界では、「諸仏」も、「空」である。「一切皆空」である。一切は、みな「空」であり、「無」である。

たくさんの「仏」たちも、「空」であり、「無」である。こんな暴論は、ない。ただし、こうなのである。「空」であり、「無」であるといっても、「仏」像を否定しているわけではない。「仏」像より、もっと、大切なものがあるんだよ、と、忠告を与えているのだ。

「即身是仏《そくしんぜぶつ》」あなた自身が仏である。あなたが、尊い仏さまなのだ。これが「般若」の知恵である。

「いま」を安らかに生きているあなたの生命が、仏である。

71

依《え》般《はん》若《にや》波《は》羅《ら》蜜《みつ》多《た》故《こ》

真言を唱えると〝解脱〟できる

●「潜在能力」を引き出すための妙薬

人の命の中には、悩みを、あっという間に解いてくれる力が、ねむっている。悩みを解いて、脱する力。この「解」と「脱」をあわせて、「解脱《げだつ》」の力という。

この解脱の力は、だれもが、平等にもっている。毎日、この解脱の力が、うまく働いている人は、悩みは、もたない。たとえもっても、すぐ、悩みは、消える。

逆に、この解脱の力が、一向に働かない人は、年をとればとるほど、いたずらに、混乱を生む人生を歩むことになる。

ところで、この生まれながらにもっている「解脱」の能力を、うまく発揮している人は、実は、ほとんど、いない。皆無といってもよい。

自分の悩みを解き脱する潜在能力に、スイッチオンする方法は、まず、坐禅がよろしい。が、坐禅は足が痛いし、坐禅などくむ時間が、ない。坐禅の指導者も、なかなか見つからない。そんな文句をいう人に「般若波羅蜜多」の妙薬がある。

それが真言だ。真言を唱えれば、あっという間に、解脱の力に、スイッチオンして自由自在になれる。

72

小乗《しょうじょう》

「坐禅」は、解脱のエネルギー

あらゆることから〝自由〟になれる般若の力

だれでも、かれでも、人は、身体の中に、悩みを解き、苦しみから脱出するエネルギーをもっている。

が、このエネルギーは、頭の中で記憶している、いいの悪いのという独善的な考えのため、まったく、活動できなくなっている。この苦悩をぬけ出して、自由になるエネルギーを、仮に「般若」の知恵といっているのである。実名では、ない。

そのエネルギーは、無名なのだ。だから、「無」といったり、「空」といったりして、なんとか、そのエネルギーの存在を教示しようとしている。

この心の中にねむっているすばらしい解脱のエネルギー「般若」に、スイッチオンする方法は、足を曲げ、腰をかまえて、肩の力を抜き、下腹にやや力を入れ、姿勢をまっすぐにととのえて「呼吸」をする。つまり坐禅。

古代インドの仏教では、「坐禅」をした人だけが、スイッチオンできると主張した。「坐禅」をくめる人は、チョッピリだ。それを、少人数しか乗れない車にたとえて、「小乗」という。

73

大乗《だいじょう》

坐禅をくまなくても自由自在になれる

だれだって、苦悩から逃れられる

お釈迦《しやか》さまの説かれた仏教は、坐禅をした人だけが救われるという狭小な教えでは、ない。

一切衆生悉有仏性《いっさいしゅじょうしつうぶっしょう》（一切の衆生にはことごとく仏性がある）

人として生きている者には、だれにでも仏性がある。「般若の知恵」がある。「解脱のエネルギー」がある。「悉有」、ことごとくの人がもっている。だから、だれもが救われる。この「悉有」が、お釈迦さまの鉄訓である。

道元禅師も、「『悉有』は、釈尊《しやくそん》の眼睛《がんせい》なり」といっている。みんながことごとく自由自在になる仏のエネルギーをもっているという教えが、釈迦の教えのもっとも大切な点なのだ。

とすれば、釈迦なきあと、大きく広がった「小乗」は、仏教の真意を伝えていない。

ややあって、「小乗」の教団は分裂する。

その後、インドに「大乗《だいじよう》」が芽生えた。坐禅をくまなくても、だれもが、苦悩を逃れられる……と。

74

自力《じりき》

身体の生命はビクともしない

●「怖れ」や「怒り」に動じない不動の心をつくる

坐禅をくんでいる。ちょっと、姿勢をくずすと、ピシャリと棒で、打たれる。ねむくなって、コックリしても、ピシャッ。

が、姿勢もシッカリとして、静かな、いい坐禅をしているのに、ある時、ピシャリッと打ちこんできた。別に、文句はなかったが、あとで、わたしの坐禅のどこが悪かったのかを、お伺いした。

すると、老師は「警策《けいさく》（棒で打つ）は、姿勢が悪かったり、いねむりをしている時の忠告のためばかりで、打つのではない。忠告に打つ棒は、実は、本来の意図ではない。警策で打たれた時、お前さんの足が怖れで動揺したか。打たれたといって手が怒るか。棒で打たれても、お前さんの身体の根本の生命、つまり呼吸は、ビクともしない。不動であろう。警策を打たれた瞬間をチャンスに、自分の生命存在の絶対不動の在り方を発覚するようにするんだよ」……と。

自分で坐禅をくんで、頭の中はどんなに怖れや怒りをかき立てられても、びくともしない不動の本来の生命に、スイッチオンしていく。これが、「解脱」の修行だ。

75

他力《たりき》

安らぎを得るのは「自力」でも「他力」でもいい

●自分の中に〝仏さま〟を感じる

あなたが、仏なのだ。「人が本来仏なり」、『坐禅和讃《ざぜんわさん》』では、あなたがもともと、仏なんだ。自分が仏なんだから、自分で、自分の力で、自分の心の中に解脱（仏さま）を発覚しなさい、と、いっている。

こういわれても、「ああ、そうですか」とは、なかなか納得できない人が、ほとんど。パチンコをやって、お嬢さんとワインを飲んで、ゲームが好きな自分が、どうしても、仏さまとは、思えない。

わたし自身も、ずいぶんと長い間坐禅をくんできたが、自分の身が仏だということは、なかなか悟れなかった。坐禅をくんで「自力」で悩みを脱出するのは実は大変だ。反省心の強い、ひかえ目な人は、美しい仏さまに合掌し、仏さまのお力添えによって、苦しみを抜く方がよい。「心の中のエネルギー」に仏さまの力添えでスイッチオンして、安らかな気持ちになる方がベストだ。これが「他力」だ。

仏教修行の目的は、ひとつ。「安らぎ」を得ることだ。「自力」でも「他力」でもよいのだ。そこで、「他力」の場合に、重大な力を発揮するのが、「真言」だ。

5章

「本来の自分」――〝自分〟をとことん大事にする

76

真言《しんごん》

大きな声で、一音一音ハッキリ唱える

ストレスとプレッシャーから自分を解放してあげる

坐禅だけによって、常に自分の力だけで、現実の悩みや苦しみを、すんなりと鮮やかに解決できる人など、現代社会には、わずかしかいない。

たとえ、坐禅はくんでいても、自分だけで自分に鞭《むち》打ってまったくの自力で修行している人は、ほとんど、いない。禅宗の人も、みな、今日では、仏像に祈り、仏像を拝し真言を唱えている。どこかに、仏の加護の力が、働いている。

世の中は、日ごとにストレスとプレッシャーの大きな渦が巻いてくる。現代は特に坐禅だけでは、なかなか、安心できないのだ。どうしても、仏や如来の暖かい働きかけがなくては、平和な心は、確立しない。今日では「自力」と「他力」の調和した修行が、必要なのだ。

では、如来や仏の暖かい働きかけをいただくには、いったい、どうしたらよいのであろうか。その方法は、ただひとつ「真言」を大きな声で、ハッキリと唱えることである。慣れてきたら、心の中で静かに念じながら唱えてもいいが、はじめのうちは、一音一音、ハッキリと、しっかりと発声して、唱える。

77

密《みつ》教《きょう》

〝真言〟には人知を超えた秘密の力がある

「悟り」を得られる秘密の教え

自分の家を離れて出家し、妻ももたず、世間離れをして山中に入り、坐禅だけによって深い瞑想《めいそう》をすることができなければ、苦悩から救われない。これが「小乗」だ。

人は、ほとんどだれもが、世間から離れて生きることは、できない。だとすると、一般の民衆の苦しみや悩みを、どうやって救済したらよいのであろうか。妻や子供をもてば、出家者よりも、もっと多くの苦悩をかかえなくてはならないだろう。

そこに、出現したのが「密教」である。「密教」は、インドで現われた。

密教は、出家できない一般大衆を、マントラを唱えることによって、安心を獲得させたのである。マントラ（mantra）を意訳すると、「呪《じゅ》」とか、「神呪《しんじゅ》」といい、これが「真言」となる。

当然、出家して山中で一心に坐禅をくんでいた「小乗」の僧からは、「そんなことで大安心の悟りは得られない」と、抵抗と批判があった。

しかし、「真言」には、人の理解を超えた秘密の力がある。マントラは「秘密の教え」、密教だ。

78

阿《あ》弥《み》陀《だ》仏《ぶつ》

「ナムアミダブツ」は法然が生んだマントラだ

「修行なんて大嫌い」でも救われる

この世の中の一切の生命を、活かし、育てている力が、「阿弥陀仏」である。この「阿弥陀仏」は、修行をした人だけではなく、忙しくて修行もできない人、いや、修行など、とても嫌いな人も、苦悩から救ってくれる偉大なる力をもっている。もちろん、男も女も、平等に救済してくれる。

鎌倉時代までは、「女人不成仏」であった。女性は、修行を許されなかった。女性は、寺へも入れてくれなかった。いわゆる「女人禁制」であった。

こんな矛盾は、許されない。「阿弥陀仏」は、摂取不捨《せつしゆふしや》といって、男でも女でも、だれでも、どんな人でも、安らかに救ってくれるといっているではないか。そこに、着眼して浄土宗の開祖、法然上人が、ふるい立った。

男女とも、なんの修行もせんでもいい。ただ、苦しみ悩んだ時は「阿弥陀仏」の名前を一心に唱えなさい。

「阿弥陀仏」の上に、「なむ（すばらしい）」という感嘆詞をつけて、「ナムアミダブツ」と唱えよ。これは、法然が生んだマントラ・真言だ。

79

法華経《ほつけきよう》

「ナムミョウホーレンゲキョウ」も日蓮のマントラなり

庶民を救済するための〝お題目〟

一二二二年、日蓮は、現在の千葉県・小湊に生まれた。他の高僧のほとんどが、貴族や豪族の出身であったが、かれは、貧しい漁師の子として、生まれた。

若いころ、日蓮は、戦闘的な僧であった。が、佐渡に流罪され、のちに身延山に入山してからは、庶民の気持ちを理解し、庶民の苦しみを、庶民と共に味わいながら、救済の活動をした。日蓮の言葉に、

一切衆生《しゅじょう》同一の苦は、悉《ことごと》く是《これ》日蓮一人の苦なり

というものがある。この世に生活している人は、みんな同じような時代の苦しみをもって生きているが、それと同じ苦しみを、日蓮も、共に苦しもう……と。

日蓮は、法華経こそが、永遠の真理であると結論した。

一二五三年四月二十八日の早朝、光って昇る朝日に向かって、「南無妙法蓮華経」と声高らかに唱えた。

この「南無」は「帰依する」の意味。「ナムミョウホーレンゲキョウ」は、日本発生のマントラ・真言である。このお題目を唱えれば、だれでも、心安らかになる。

80

抜《ばつ》苦《く》与《よ》楽《らく》

苦しみを抜いて、楽しみを与える

自分の〝本音〟とじっくり向き合う

この自然界に生きているものの中で、人が生きるということほど、すばらしいことはないのだ。もし、ネズミに生まれたら、どうなのか。ネズミに生まれたら、それは、それでいいよ、という人が、よく、いる。

ちょっと、待て。それは、頭の中だけで、うそぶいているだけだ。事実、ほんとうに自分がネズミになって、ドブの中をチョロチョロ一日中えさを探していたら、どうなってしまうだろう。

それなのに、自分のもっとも尊い人生を、なぜ、苦しんでばかりいるのか。釈迦は、人の苦しみを、なんとか抜いて、生活に楽しみを与えることを念願した。それが、仏教のテーマである「抜苦与楽」（苦しみを抜いて、楽しみを与える）だ。

「心の安らぎこそは、最上の幸せなり」これは、法句経《ほっくきょう》の言葉だ。「心の安らぎ」は、苦しみを抜けばいい。が、「苦悩」には、見方や考え方を変えれば、消えるものと、津波のように押し寄せる人智ではいかんとも処理できないものがある。自力ではどうにもならぬ苦悩の記憶を脱出するには、マントラの口称《くしょう》が必要だ。

81

祈念《きねん》

〝祈り〟を捧げた患者の方が完治しやすい

人の体はコンピューターより優秀

人間が、もっとも大切にしてきたものは、大自然の見えない偉大な力である。とくに、日本人は、自然への感謝と祈りを、大切にしてきた。

が、物質の開発とコンピューターの渦巻く中で、自然に祈るというすばらしい道に、すっかり、目をそむけてしまった。

驚いたことに、今日、アメリカでは、過半数の人が、西洋医学だけでは、病気は治せない。とくに、慢性の病気は、治らないといいはじめた。そして、事実、実験によって、回復の祈りを捧げられた患者の方が、祈らない患者よりも、完治し易いことがわかった、という。

人間は、生まれながらにして、驚くべき可能性をもっている。人体のすべてのはたらきは、どんなコンピューターより優秀である。

マントラ・真言を一心に唱えて、悩みの記憶を消して、思いもかけない力を、一瞬のうちに造り出すのだ。その力のあることをハッキリ自覚することを、「悟り」という。祈念の力にも、脱帽することだ。

82

般若心経《はんにやしんぎよう》

山の中で修行しなくてもマントラで救われる

だれもがこれ以上ない〝極楽〟の心を悟れる

マントラ、つまり、真言とは、祈念の言葉である。この祈りの言葉によって、一般庶民のだれもが、一人ももれることなく救われる。どんな深い悩みからも、サッと脱出して、安らかで楽しい自分になれる。

古い時代、仏教は、「出家至上主義」であった。とにかく、出家しなくては、修行はできない。悟れない。一般の生活をしている人は、まったく、考慮されなかった。

釈迦がなくなられてから、五百年もたって、一般の人の悩みや苦しみの救済のために、「大乗仏教」が起こった。だれでも救われる。山の中で修行しなくても、男も女も平等に救われて、心安らかな幸福な生活を送ることができる。

ただし、そのためには、真言によって、大自然の偉大なる救済の力にスイッチオンせよ……と。

この大乗仏教の経典の最初に書かれたお経が、「般若心経」であった。したがって、般若心経の最終部は、祈りの言葉・マントラ（呪・真言）の力によって、無上の、これ以上ない安らかな極楽の心が悟れると、力説した。

83

感受《かんじゅ》

「ありがとう」にはマントラの力がある

くたびれていた生命力に一瞬で火をつける

「あなたは、きれいだね」

と、いわれて、「まあ、うれしい」と思う人と、「お世辞をいわないでよ」と思う人が、いる。

「お世辞をいわないで」というから、思い切って、正直なことをいうと、こんな人ほど、怒ってしまう。

人は、ほめられたら喜び、けなされたらいやな気持ちになる。これが、ごく普通で、素直な心情である。だから、世の中を明るくするには、ある程度のお世辞は、あった方がいいかもしれない。

「あなたは、きれいだね」といわれて、「ありがとう」と、花のように笑って、鳥のように可愛く答えてくれたら、一瞬にして、こちらの悩みが消える。

悩みが消えて、楽しくなると、くたびれていた生命力に、カッと、火がついて、行動力がついてくる。

自分が愛している女性の「ありがとう」は、マントラと同じ力がある。

84

感得《かんとく》

「ハイ」をまごころをこめて一回いう

ふとした表情で人の心は明るくなる

私は、頭の中で記憶した考えだけが、自分のものだと、思いこんでいた。人の考えもふくめて、とにかく「考え」というものにこだわってきた。

が、近ごろになって、ふとした相手の言葉づかいとか、表情というものが、自分の心を明るくしたり、逆に傷をつけられて、面白くなくなったりすることが、意外に多いことに気がついた。

まじめに話しかけているのに、返事もしてくれない。たとえしてくれても、力なく「はーい」と、ふてぶてしく返答されると、カチンとくる。

こちらから、なにかを頼んでも、「ハイ」と気持ちよく返事をしてくれると、なんと、心がスッキリすることか。いかに、元気がよくても、「ハイ、ハイ、ハイ」と三回も四回もいわれると、なぜか、バカにされているように思う。

頭の理屈の世界ではない。「ハイ」を、まごころこめて、誠実に一回いわれると、もやもやが消える。「ハイ」にも、人の苦しみを抜く力がある。「ハイ」も、マントラだ。

85

安穏《あんのん》

「おかげさま」の一言で人は幸せになれる

自分の人生は自分でコントロールする

どうしても、覚えておいてほしいことは、自然を信頼するということだ。自然に守られて生きていることを、実感することだ。

人は、光がなくても、水がなくても、空気がなくても、生きられない。その恩恵を十分に自覚し、心から感謝して生きている人は、自分の人生を、自分でコントロールできる。

自分が、いま、なにを考えているかだけではない。それと同時に、いま、自分は、どんな蔭《かげ》の力のお世話になっているかを、しみじみと感じて生きることだ。

「おかげさまです」どんな悲惨な状態にあっても、この言葉を、けっして、忘れてはならない。男女関係でも、ビジネスでも、この一言があれば、いいことが、続けて起こってくる。

なにかお世話をして、「おかげさまです」といわれたら、こちらの心も、安らかで穏やかでうれしくなる。「安穏」とは、仏の悟りである。

「おかげさま」の一言で、人は幸せになれる。「おかげさま」も、マントラだ。

86

懺悔《さんげ》

「ごめんなさい」の一言も心を純にする

いい訳は〝自分を正当化するため〟のエゴ

ちょっと手をすべらせて、花びんを床に落とした。パッカリ二つに、見事に割れた。ハッとして、「しまった」と感ずる。持ち主に、頭を下げて、「ごめんなさい」と自分の犯した失敗を認め、過失をあやまる。これが、自然の純な心だ。

ところが、頭の働く人は、すぐ、持ち主にどういい訳をしようか、といろいろ口実を考える。口実とは、自分を正当化しようとするエゴである。

大好きな人から、「ゴメンネ」といわれたら、たいていの過失は、かんたんに許してあげられる。特に、耳もとで小さな声で「ゴメンネ」といわれたら、有頂天になって、なんでもしてあげたくなる。

私の文学講座に参加されたある奥さんが「好きな男性にゴメンといわれたら、すごく興奮しちゃう」といった。すると、そばにいたみんなが「わたしもよっ」と身を乗り出し、目が輝いた。

「懺悔」、過失の許しを乞う修行は、仏教でいちばん大切にする。まごころこめた「ゴメンネ」の一言で、みなが純な心になる。「ゴメンネ」も、マントラだ。

87

得《とく》阿《あ》耨《のく》多《た》羅《ら》三《さん》藐《みやく》三《さん》菩《ぼ》提《だい》

生まれたままの自分に立ち返る

難行苦行なんて必要ない

悟り、というと、もう、自分とは、関係のないことだと、思ってしまう。山に入って、厳しい修行をしなくては、とても、悟れないと、勝手に、自分を「悟り」の世界から遠ざけてしまう。

とんでもないことだ。かつて、花園大学の学長であった、妙心寺の山田無文老師は、いつも「われわれが悟る道は、難行苦行でもなければ、修養でもなければ、坐禅でも念仏でもない。はからいを捨てて、分別を捨てて、生まれたままの自分の姿にさえ立ちかえれば、今日、ただいま、みな悟るのである」とおっしゃっておられる。

「得阿耨多羅三藐三菩提」は、尊いものが三つあるという言葉ではない。サンスクリットの「アヌッタラー・サンミャク・サンボーディ」の音の当て字だ。アヌッターラとは、最高。サンミャクとは、だれもが等しい。サンボーディとは、悟り。

つまり、最高の悟りとは、生まれた時からだれもが等しくもっている喜びの生命を、みんなで手をとりあって仲よく生きること。これが、悟りだ。

88

故知般若波羅蜜多《こちはんにゃはらみった》

頭にある善悪の記憶を消す

●「いい」も、「悪い」も、吹き飛ばせ

般若とは、般若菩薩から出たものだ。般若菩薩とは、文殊《もんじゅ》菩薩と並んで、知恵によって、人の苦しみを救う菩薩だ。

般若菩薩の、人の悩みを消す知恵とは、いったい、なにか。考えによるつまらない論争や戦争は、切って捨てろ、ということだ。

論争や戦争は、なぜ、起こる。それぞれが、自分のいいと思っている考えが、絶対だと信じて、相手の意見を理解しようとせずに、ひたすら相手をたたきのめすからだ。

般若菩薩は、人が、いい、悪いという判断に固執しているかぎり、人の世に平和はこない、と、いう。いい、とか、悪いとかは、エゴがつくった仮のものだ。仮なのに本物と思って、そればかりの世界に生きているから、苦悩も絶えないのだ。

悩みを消したいなら、一度、頭にある善悪の記憶を、ふっと、消す。すると、悩まない、安らかな知恵が、発生する。

しかし、なかなか消えないかもしれない。じゃ、いいことを教えよう。般若菩薩の真言を唱えよ。真言とは、記憶の一切を吹き飛ばす呪文だ。

89

言霊《ことだま》

よい言葉は幸福を呼び、悪い言葉は災いを招く

いい言葉は、いい人生をつくる

こんなに感動したことは、かつてなかった。こんな面白いことは、生まれてはじめてだ。そう思って、熱をこめて話したのに、友達は、「それが、どうしたの」と、つめたく水をさす。

ちょっとした言葉ひとつで、自分の心が喜んだり、生きがいを感じたりする。逆に、面白くない言葉ひとつで、自分の人生が封じられて、ハタと止まってしまうものだ。

言葉には、意味のほかに、強いパワーがひそんでいる。これを、「言霊」という。

朝起きた時、「おはよう」と声をかけられると、今日一日が、なぜかいい一日になるように思う。「早く、起きろ」といわれると、朝から気分がすぐれなくなる。

私は、男から「そうしろよ」といわれるより、女性から「そうなさいませ」といわれた方が、いい気持ちになれる。

美しい言葉や、よい言葉は、幸福を呼ぶ。これは「真言」だ。悪い言葉は、災いを招く。これが「悪霊《あくだま》」だ。

90

呪文《じゅもん》

女神も悪魔も音が連れてくる

●「雑念」や「妄想」を「無」にする

「訪れ」という言葉は、もともとは、「音＋連れ」である。つまり、幸運の女神も、不幸の悪魔も、音が連れてくる、という意味だ。

人間同士が、日常の生活の中で、会話をする時、心地よい響きをもった相手を思いやる言葉が、相手方の幸福や健康などを増進する。めでたい席を終わらせたくないので、「では、お開きにいたします」など、気がきいている。

ところが、災いなどが起こった時、これ以上悪いことがないように、天地自然とか神に祈るには、人間の言葉では通用しないので、意味のない、しかし、美しく力強い音を発声して、祈る。これが、敬語とか女性特有のやさしい言葉以上に美しい響きをもち、神秘的な働きを発揮して、人に大きな恵みを得る呪文となる。

般若菩薩の呪文（真言、マントラ）は、病気平癒や災害防止のために唱えるのではない。

苦悩の根元である一切の雑念、妄想を「空」にし、「無」にして、人が生まれた時からもっている、明るくて、自由自在な叡智《えいち》の灯《ともしび》に、点火するためである。

91

是大神呪《ぜだいじんしゅ》

一日一日の命を心から愛する

煩悩《ぼんのう》は無理矢理なくそうとしなくていい

どんな仕事をしていてもいい。学歴が高くても低くても、いい。金があってもいいし、あまりなくても、いい。

とにかく、生きることを、心から喜び、一日一日の命を、心から愛することができれば、これ以上の幸福は、ない。

人からうらやまれるような高学歴をもち、人があこがれるような大会社で仕事をし、サラリーは、あまる程もらって地位的、金銭的には、なにひとつ不自由はないのに、家に帰ってくると、あばれ出し、毎日「死にたい」「死にたい」といっている人を、たくさん知っている。

親鸞《しんらん》は、「よく一念喜愛《きあい》の心を発すれば、煩悩を断ぜずして涅槃を得るなり」（『正信偈《しょうしんげ》』）と、いっている。「煩悩をなくそうとしなくても、ちょっと人生を喜び愛する心が発生すれば、最高に幸福になれるよ」……と。

般若菩薩のマントラ（呪）は、偉大なる神のような力がある。一心にマントラを口に唱えるだけで、心がスカッと晴れわたり、愛と喜びの心が、湧き出してくる。

92

是《ぜ》大《だい》明《みよう》呪《しゅ》

心が明るくなると、苦労がサーッと消える

たったひとつの幸福がすべての不幸を忘れさせてくれる

自分が希望した学校に合格したとたん、パーッと、心が明るくなる。明るくなると、いままでの苦労や心配や動揺が、サーッと消える。息子や娘たちの進学や就職が決まったら、もっと、心が晴れやかになって、究極の幸福にひたれる。

坐禅を一週間ほど修行すると、はじめのうちは、足が痛くて、つらいだけだが、たしかに、心は青空のように澄んで、明るくなって、気持ちがいい。

その時、長年つもっていたわずらわしい悩みや苦しみは、メチャクチャに破られている。

が、時間がない人も、いる。足がうまく曲がらない人もいる。寺が大嫌いな人もいる。

そこに、マントラ（真言・呪・呪文）とか、ダラニ（陀羅尼）が登場する。一般に、マントラは、短く、ダラニは、長い真言だ。いずれも、発声する「音」によって、心にこびりついた苦悩を解消し、人の心に安らかで平和な叡智を発生させる。般若菩薩の真言こそ、偉大なる聖音のマントラだという。

93

是無上呪《ぜむじょうしゅ》

「ひとと同じ」であることが問題だ

あなたにしかない〝感性〟をもっと伸ばそう

花見の時には、みんなで、同じ花を見た。月見の時には、だれもが、同じ月を見た。でも、みんなで同じものを見るのは、かつては、年に、二度か三度であった。

「きのうの巨人戦を見たか」「ああ、見たよ」、「今日のワールドカップの決勝を見るのか」「ああ、見るよ」、朝昼晩のニュースやドラマも、ほとんどの人が、毎日、同じものを見て、同じ言葉で、同じ意見を語りあっている。

毎日、毎日、みんなで同じものを見ているうちに、みんなの頭の中には、同じ記憶で、いっぱいになった。

それはそれで、いつも、みんなが同じ話題をもって、話がうまく通じあうのだから、悪いことばかりじゃあない。

が、そこが大問題なのだ。あなたの生まれながらにもっている、だれにもないすばらしい叡智や感性は、日ごとに、グングン減っている。あなたの個性が、危機である。

般若菩薩の無上の、すぐれたマントラ・真言を唱えると、ありとあらゆる記憶の山は一瞬にして消える。そこに、あなたの生まれたままの個性の考えが、芽ばえる。

94

是《ぜ》無《む》等《とう》等《どう》呪《しゅ》

きのうの自分は、今日の自分ではない

「変わる」のは、いたって「自然」なこと

きのうの自分は、今日の自分ではない。明日の自分は、今日の自分じゃない。あなたも、考えてほしい。一年前のあなたは、いまのあなたと同じだったか。十年前のあなた、いや、高校生や中学生、小学生のころ、もっともっと先へいって、生まれた時のあなたは、いまのあなたであったのか。

同じ自分というものは、存在しない。寝ている間でも、実は、どんどん、変わってしまう。実は、自分の考えも、若いころからいままで、どんどん変わってきた。

変わらないでほしい。でも、ぐるぐる変わってしまう。なぜか。

自然の姿は、すべて、変わる。人も、自然の姿そのものなのだ。だから、いやおうなく、変わる。

「変わる」ものを、「変わらない」と思いこんでいる。「変わらない」と思っていたのに「変わった」。そこに、苦悩が、むくむくと持ち上がってくる。

般若菩薩のマントラ・呪を唱えると、「いくら変わっても大丈夫だ」という、大自然とまったく等しい、でっかい知恵が、入道雲のように、心底から、噴出する。

95

能除一切苦《のうじょいっさいく》

苦悩を追い払おうとしてもどうにもならない

ただ単純に「生きている」すばらしさ

この世は、暗い。いかにしたら、この世を明るくできるのか。あれこれと、考え、あれこれと、議論してみたところで、この世は、明るくならない。

じゃ、この世を明るくするには、どうしたらいいのか。国民一人ひとりの心の中に、灯火をつけることだ。世の中を明るくしようとしても、ダメだ。世界中のみんなが、自分の心に、明るい灯を、点ずれば、あっという間に、世間が明るくなる。

自分の頭の中に、苦悩が押しよせてくる。ちょっと坐禅をくんで、静かな心になったのもつかの間、苦悩は、すぐ、自分の心の底から、または、自分の外からやってきて、暗い闇の世界をつくる。この時も、いくら苦悩を追っぱらおうとしたって、しつこくて、どうにもならない。

そんな苦悩には、目もくれず、ほったらかしにしておけばいい。そして、まず、自分が生きているすばらしさを、深く喜ぶことだ。生きてさえいれば、ありがたいと、喜ぶことだ。次に、声高らかに、思い切って、般若菩薩の真言を唱える。すると一切の苦悩が除かれ、自分が再生する。

96

真《しん》実《じつ》不《ふ》虚《こ》

呪文は短く、簡単な方が効能がある

●単純な言葉をくり返し唱える効果

自分は、かつて、呪文など、信じなかった。交通安全のための呪文とか、結婚成立の呪文とか、金運のつく呪文とか、まったく関心がなかった。

が、般若菩薩の呪文こそ、真言であった。真言は、自分を悩ます世間の「いい」「悪い」の考えを消して、人生を悩まないで、明るく元気にすがすがしく生きる知恵を、産み出してくれる。真言は、自分の能力開発に絶大な威力をもっていた。

このことは、最新の脳研究からも、真実として認められるようになった。

養老孟司先生（東京大学名誉教授）は、

「呪文は短く、しかも簡単な方が、長く複雑なものよりも、はるかに効能があることが判明している。単純な言葉をくり返し唱えていると、いままで眠っていた領域が目覚める。逆に、それまで働いていた領域の活動が低下していく」

という。般若の呪文は、世俗的な欲望をかなえるものではない。むしろ追っても追っても際限なく苦悩を生む世俗的な欲望を超越して、もっと心おどる生命の根本的な機能に、点火する。

6章

「生活の基本」——人生に〝安心感〟をつくる

97

即《そく》説《せつ》呪《しゅ》曰《わつ》

真言は、くり返し、自分の口にのせて唱える

●“一心不乱”に打ちこむ

「ああ、そうか。わかった」

いったい、なにが、わかったのか。頭でわかっても、真言の威力は、ひとつも、わからない。

「坐禅は、足をからめて、右手を下に、その手の上に左手をかさね、背すじをぴんと伸ばし、あごをちょっと引いて、目を半分開くんだ」

「ああ、そうか。坐禅がわかった」

なにが、わかったのか。坐禅というものは、実際に坐禅をくんでも、一年や二年でとてもわかるもんじゃない。

真言も、そうだ。くり返し、自分の口にのせて、唱えることだ。低い声が好きな人は、低い声で、大きい声が気持ちのよい人は、山や海に向かって、叫ぶ。とにかく、ことあるごとに、一心になって、くり返すこと。悟るとか悟らないとか、くだらんことは考えない。ただ、ひたすら……。そのうち、必ず脳が開発されていく。

98

渓《たに》の響《ひびき》

美しく単純な音をきき続ける

美しくて単純な音をくり返しきこう

意味があっても、なくても、なるべく、短い並びのよい音を、くり返しくり返しき続けることで、心が、静かに澄んでくる。澄んでくると、脳の機能が、新鮮で活発になる。

人の言葉でなくても、よい。美しく単純な音をききつづけると、いままでねむっていた自分の潜在能力が、活動しはじめる。

道元禅師の歌に、

渓の響き　嶺《みね》になく猿たえだえに
ただ此《この》経をとくとこそきけ

が、ある。

谷川の流れ落ちる音が、きこえてくる。時どき、猿の声が快く響く。岩に坐って、谷川の音に耳を澄ませている。

さわやかな音が、しんしんと体のすみずみまでいきわたる。苦しみが、抜ける。

「抜苦」は、常に経文が説く主題だ。

99

峯《みね》の色《いろ》

峯の色も谷の音も苦しみを除く

感動する力は、苦悩を消す力

峯の色　渓の響きも　みなながら
わが釈迦牟尼《しやかむに》の声と姿と

これも、道元禅師の名高い歌である。

新緑のころは、山が、生き生きと、光を放つ。美しい峯の緑を見ていると、いつの間にか、あれこれ悩んだ心が、洗われる。紅葉に夕陽が、映える。「まあ、なんと！」美しいという言葉すら出ない。ただただ感動する。その時、山積された苦悩が消えて、安らかな心の世界が、ひらけてくる。

山や谷にすこやかに響く川音にきき入れば、ぐちゃぐちゃにくもった心も、いつしか晴れる。

お釈迦さまが、一生をかけて、説いた「仏教」でもっとも大切なことは、「抜苦与楽」ということだ。

「こんなすばらしい人世を、どうか苦しまないで、楽しく生きてください」

峯の色も谷の音も、人の苦しみをとって、安らかにしてくれる菩薩だ。

100

落花《らっか》

快音、快感によって苦しみを抜け

自然の中で心をいっぱいに喜ばせる

長沙和尚の話に、こんなものがある。

長沙和尚は、鹿苑寺《ろくおんじ》を開設して、若い禅僧を集めて、道場とした。一週間とか、十日間続けて坐禅をする時は、「禁足期間」といって、外へ出てはいけない。

ところが、ある晴れわたった春の朝、ぷいっと、長沙は一人で出ていってしまった。夕方、寺の門まで帰ってくると、首座《しゆそ》（坐禅僧の世話をするトップ）が、「みんなが坐禅していたのに、いったい、どこまでいってきたんですか」と、非難めいていった。

長沙は、「いやあ、芽をふいたばかりの若草の香りをかいで気持ちよく歩いていくと、なんと、山辺は、ちょうど花が、嵐のように散っていたんだ。花を散らしたぬくんだ春風の音と、いま帰ってきたよ」と、答えた。首座は、この遊山で、長沙が、なにを訴えたかったたか、わからなかった。

坐禅も大事だ。が、自然の中で、心に楽しさを感じて、苦悩を脱出することは、すごく大事だ。快音、快感によって、苦しみを抜け。これが、長沙の教えなのだ。

101

般若心経の要点

「価値判断」は他から受け入れたゴミのようなもの

●記憶のゴミを捨てる

般若心経の要点は、前文の「観自在菩薩」から「度一切苦厄」までの二十五文字に書かれている。

この二十五文字を、わかりやすく解釈すると、こうなる。

なんとか自分の苦悩から脱出したいと、ある修行者（観自在菩薩）が、どうしたら、明るく安心に満ちあふれた毎日を生きられるかと、いろいろトレーニングをしている時、ハッと気がついた。なあんだ、自分の苦しみや悩みは、頭の中で記憶しているいいとか悪いとか、損とか得とかという「価値判断」が、いろいろひっからまって、自分を奴隷のようにきりきりまいさせているんだ。

この「価値判断」は、自分のものだと勘違いしていたが、よく考えると、みんな他から受け入れた記憶のゴミのようなものだ。このゴミを一度すっかり捨てれば、自分がもとからもっていた純粋な、自由自在の「価値判断」、叡智が生まれてくる……と悟った。

「一切皆空」と、頭の中を空にして苦悩を抜く。これが、般若心経前半の要点だ。

102

般若心経の本論

頭の中を空っぽにする

「空」「不」「無」の生きる極意

般若心経の本論は、「舎利子」から、「得阿耨多羅三藐三菩提」までの、百七十二文字である。

この本論部は、普通の文章のように読もうとしても、絶対にできない。つまり、意味から、意味へつながっていく、一般の表現ではない。ここを読んで、なんとか、自分の頭で理解しようと思ったら、腹が立つ。かつ、それは、無謀の努力である。

そこで、この本論を読むには、なにを強調しているかを、見破らなくてはならぬ。

まず、「色不異空・空不異色」で始まって、「不」の文字が八つ、「空」の文字が六つ飛び出してくる。

次に、「無色無受想行識」などの「無」は、実に、十九個。

「不」とは、打ち消すことだ。「空」とは、空っぽだ。「無」とは、なしだ。

人は、議論を、好む。議論しながら、争い、そして、悩む。あれがいい、これが悪いと、いい出したら、心の平和はこない。一度、頭の中を空っぽに。記憶した考えを打ち消し、無にせよ。故に、打ち消しの「空」「不」「無」の三字が、おどる。

103

故説般若波羅蜜多呪《こせつはんにゃはらみったしゅ》

一心不乱にマントラを

●意味のない音ほど心が落ちつくという真実

人は、生きている。笑ってもいい。泣いてもいい。が、怒ることは、危険だ。修養のために怒るべき時は、怒ってもいい。

が、問題は、怒りたいのに、いまはどうしても怒ってはいけない、と、じっと、我慢しなくては、ならない時だ。

怒りを抑えようとすればする程、身体の内側から、怒りが波のように、心臓までドキドキと襲ってくる。

もはや、一切は、無である、とか、一切を、空っぽにすればいいとかいわれても、この怒りを、どうすることも、できないであろう。坐禅も間にあわない。

そんな時だ。一心不乱に、マントラを唱えよ。真剣になって、真言を口にせよ。不思議なことに、マントラの発言の音そのものが、必ず、怒りの苦悩をとり去る。

「あ、そうか」の「あ」には、なんの意味もない。「え、ほんと」の「え」にも、意味はない。が、「あ」「え」の音が、いかに親しさを増すか。妙音の力だ。

意味のない音を唱えて、心を落ち着ける。納得できまい。しかし、事実なのだ。

104

安心一味《あんしんいちみ》

音の響きは脳に安らぎをくれる

〝感情音〟には心を癒やす効果がある

現代人は、音そのものが、心に安らぎを与えることを、すっかり、忘れた。

まったく、意味のない音の、不思議な力を、見直してみる。ハミングが、そうだ。ハミングは、口を閉じて、声を鼻に抜いて、メロディーだけを歌っているのに、なんと、心が安らぐであろうか。

みんなで、楽しく笑っている。笑い声にも、まったく意味はない。ちょっとした山道で、小さな森のかげから、少女たちのからまるような笑い声が、ふと、飛んできたら、どうか。「うるさい」と怒る人は、狂った人だけだ。

「ハハーン」という感情音。これも、効果、抜群だ。

人の発声する音だけでは、ない。輝くような葉うらの風の音。こんもり茂る林の中の小鳥たちのさえずり。こおろぎ、鈴虫、きりぎりすの草むらにおどる音。

マントラ・真言に限らず、音の響きは、すこぶる強いパワーで、脳のやすらぎに訴えかける。

105

常念《じょうねん》

この真言をひたすら唱えよ

●「抜苦与楽」のマントラの力

考えるだけでは、けっして、わからない音の力。むかしは、その偉大な力を、言霊と、いった。

霊とは、人の頭では、はかり知ることのできない、目には見えない力をいう。これを、仏教では、マントラ、真言、神呪という。

マントラの深い知恵の力とは、「抜苦与楽」につきる。真言を唱えると、苦悩から脱出できる。自分の心を、自由な世界に解き放つ。世俗の欲の達成に使ってはならぬ。

古代には、いろいろなマントラがあった。大日如来の真言が、**「おんあびらうんけん」**。釈迦如来の真言が、**「のうまくさんまんだぼだなんばく」**。阿弥陀如来の真言が、**「おんあみりたていぜいからうん」**。光明の真言が、**「おん、あぼきゃ、べいろしゃのう、まかぼだら、まに、はんどま、じんばら、はらばりたやうん」**。

ここに、般若菩薩の真言だ。これこそ、輝く大光明の真言だ。最大の威力をもっているマントラだ。この真言を、ひたすら、唱えよ。**「ぎゃーていぎゃーていぎゃーてい、はーらーぎゃーてい、はらそうぎゃーてい、ぼーじーそわかー」**。

106

安心力《あんしんりょく》

「ぎゃてい、ぎゃてい」と声に出す

五分で心の乱れが消える「唱え方」

会長は、とんでもないウソを、堂々としゃべり出した。それが、ウソであることは、私だけが、よく知っていた。会員は、ウソに気がつかず、会長の言葉に、静かにうなずいていた。

「こんなウソやでたらめは、どうしたって許せない。が、ここで、ウソの暴露はできない。そんなことをしたら、大ゲンカになる。とにかく、我慢しよう」

ストレスが、高まってきた。ドキドキ、動悸が苦しい。これは、大変だ、と思った。落ちつこうと思っても、苦しくてたまらぬ。隣の会員に、「ちょっと、トイレにいってきます」といって、席をはずし、外へ出た。坐禅がくめない。

こんな時だ、と、思った。公園を歩きながら、口に出して、一心に般若心経のマントラを唱えた。「ぎゃてい、ぎゃてい……」と声を出して歩いていると、ホームレスが、けげんな顔で見送る。

でも、一心に「ぎゃてい、ぎゃてい、はらぎゃてい……」と、唱えた。五分ほどで安心が生まれてきた。なごやかな気持ちで、会議室へ戻ることができた。

107

般若の世界

般若心経は意味の力ではなく、慈悲の妙音となる

●心に安らぎを与える二百六十二文字の知恵

四月のある早朝、わたしは、永平寺の宿坊にいた。霧が、流れていた。ハラハラと花びらが舞う山ざくらの奥の方から、二百余名の衆僧の読経が、響いてくる。

「ああ、般若心経だ。いいですね」と、同行の西洋人にいった。

「いいか、どうか、わからん。意味がまったくわからないから……」、西洋人はこう答えた。般若心経は、西洋人の脳に入ると、言葉として処理される。が、日本人は、なんと、それを脳に入れて、快い音として処理できる。

般若心経は、その時、鈴虫とか松虫とか、谷川のせせらぎをきいているのと、まったく同じ感化力をもって、心の安らぎを支えるハミングとなる。意味の力ではない。自然音となって響きわたって、抜苦や与楽の慈悲の妙音となる。

打ちこむ木魚の音と、ゴーンとうなる鐘音にのって、杉の密林を流れていく永平寺の般若心経は、荘厳無上である。

もはや、「羯諦羯諦《ぎやていぎやてい》……」だけではない。「観自在」から始まる二百六十二文字一切が、般若菩薩の巨大なマントラであった。

本書は、小社より刊行した文庫本を単行本化したものです。

超訳《ちょうやく》　般若心経《はんにゃしんぎょう》
“すべて”の悩《なや》みが小《ちい》さく見《み》えてくる

著　者——境野勝悟（さかいの・かつのり）
発行者——押鐘太陽
発行所——株式会社三笠書房
〒102-0072　東京都千代田区飯田橋3-3-1
電話：(03)5226-5734（営業部）
：(03)5226-5731（編集部）
https://www.mikasashobo.co.jp
印　刷——誠宏印刷
製　本——若林製本工場

ISBN978-4-8379-2957-4 C0030